Elisabeth Finke

Zwei rechts, zwei links

5/88 – 4. Auflage

Verlag Gerhard Aumann
Schloßstraße 5 - D 3548 Arolsen

Gesamtherstellung: Aumann-Druck, Gerhard Aumann
Schloßstraße 5 - D 3548 Arolsen

Printed in West-Germany

ISBN 3–9800695–3–2

ELISABETH FINKE

Zwei rechts, zwei links

Gedichte
– nach dem Leben gestrickt –

Illustrationen von Ruth Finke

Verlag Gerhard Aumann
Arolsen

Inhaltsverzeichnis

Feuchte Muse

*Auch ein Poet hat seine Sorgen,
weil er Gedichte schreiben muß,
zwar klappt es heute, aber morgen
fehlt jeglicher Gefühlserguß.*

*Denn starrt er auf die leeren Blätter,
kratzt sich mal hinten oder vorn,
schiebt schließlich alles auf das Wetter
und trinkt zur Tröstung einen Korn.*

*Es nützt nicht viel, drum trinkt er weiter
und hofft auf gute Besserung,
so ganz allmählich wird er heiter
und siehe da, er kommt in Schwung.*

*Die Tinte spritzt, die Reime fließen
fast ganz von selbst auf das Papier,
die Muse läßt sich gern begießen,
dem Dichter macht es kaum Pläsier.*

*Denn später kriegt er Magendrücken,
der Schädel brummt, die Zunge brennt,
in seinen lichten Augenblicken
verflucht er Muse und Talent.*

*Oh Mensch, verzeihe dem Poeten
den Blödsinn, den er oft verfaßt,
er muß sich manchmal einen löten
damit du deine Freude hast.*

Das Blatt

Die meisten tragen's unterwärts
der Nase vor der Klappe,
doch manche tragen's nur zum Scherz,
als lästige Attrappe,
kaum bietet sich Gelegenheit,
schon schieben sie's zur Seite,
drum liegen sie die halbe Zeit
mit aller Welt im Streite.
Sie reden zwar nicht sehr geschraubt,
dafür recht laut und deutlich,
viel deutlicher, als es erlaubt,
das wurmt die andern weidlich!
Es wurmt sie, weil sie selbst ihr Blatt
brav vor der Schnute tragen
und ärgern sich dann krumm und platt,
wenn irgendwer die Frechheit hat,
ein wahres Wort zu sagen!

Schöne Vergeßlichkeit

Im Alter schildert man der Jugend
die eigene Vergangenheit
als ein Kapitel reinster Tugend
und lobenswerter Sittlichkeit.

Denn früher gab es sozusagen
noch Zucht und Ordnung auf der Welt,
man hat sich fabelhaft betragen
und nie was Böses angestellt.

Um es mal vornehm auszudrücken:
Man leidet, wenn man derart spricht,
an größeren Gedächtnislücken,
so brav war man beileibe nicht.

Weil man an seine Schlechtigkeiten
von damals aber ungern denkt,
hat man die negativen Seiten
aus der Erinnerung verdrängt.

Nur Gutes pflegt man vorzuweisen!
Wie schön, daß man als Moralist
und altes, abgeklärtes Eisen
so angenehm vergeßlich ist!

Oben ohne

Madam, die gerne zwanzig wär,
ist leider nicht die Jüngste mehr,
ihr Äußeres hat unbestritten
im Lauf der Jahre stark gelitten.

Die Krähenfüße im Gesicht
gefallen ihr beileibe nicht,
und auch das angekrauste Kinn
ist nicht so recht nach ihrem Sinn.

Drum hält sie es mit der Chemie:
Tagtäglich schmiert und spachtelt sie,
um alle Schäden zu beheben,
die zur Besorgnis Anlaß geben.

Das kostet in der Morgenfrühe
Madam oft stundenlange Mühe,
stets hat sie ihre liebe Not
mit Puder, Cremes und Wangenrot.

Am letzten Mittwoch war sie's leid,
sie hatte weder Lust noch Zeit,
mit Hilfe von diversen Tiegeln
das Schönheitsmanko auszubügeln.

Sie ging ganz „ohne" aus dem Haus,
sah also sehr verändert aus
und wurde, was sie shocking fand,
nicht mal von Nachbars Mops erkannt.

Zwei rechts, zwei links

Frau Niedlich strickt zwei rechts, zwei links,
dann läßt sie eine fallen,
sie strickt ein wunderschönes Dings,
ein Jackenkleid mit Schnallen.

Sie strickt tagaus, sie strickt tagein,
sie strickt die halben Nächte,
bis Samstag muß es fertig sein,
weil sie es tragen möchte.

Am Freitagabend ist's erreicht,
stolz zeigt sie's Fräulein Schölbe,
die sinkt in Ohnmacht und erbleicht:
sie strickte sich dasselbe! –

Was soll's

Du hast dich seit geraumer Zeit
auf was Bestimmtes sehr gefreut
und wartest froh und hoffnungsvoll
auf das, was sich ereignen soll.

Da flattert dir ein Brief ins Haus,
man schreibt, es würde nichts daraus,
du hättest, aus gewissen Gründen,
dich leider damit abzufinden.

Verbittert, mit gekränktem Blick,
ziehst du dich in dich selbst zurück
und denkst: „Wie ist das ungerecht!
Pfui Deibel, sind die Menschen schlecht!"

Das ist verständlich, aber dumm,
denn niemand kümmmert sich darum,
durch dein Gelaune wirst du nur
zur komisch-tragischen Figur.

Bewahre lieber deinen Stolz
und sage: „Bitte sehr, was soll's,
wenn ihr mir meinen Spaß mißgönnt,
dann wißt ihr auch, was ihr mich könnt!"

Pufferzone

Ich hatte kürzlich das Vergnügen,
beim Einkaufsbummel in der Stadt
urplötzlich auf dem Kreuz zu liegen,
die Straßen waren nämlich glatt.

Nach einer bangen Schrecksekunde
erhob ich mich, ich war noch heil,
und das verdanke ich im Grunde
dem recht soliden Hinterteil.

Ein Polster an besagter Stelle
wirkt sich bei Glatteis günstig aus,
denn es erspart, im Fall der Fälle,
den Aufenthalt im Krankenhaus.

Wahrscheinlich wäre ich jetzt ohne
die runden Pfunde übel dran!
Der Mensch braucht eine Pufferzone,
auf die er sich verlassen kann.

Alle gleich

Ein Mensch in hoher Position
muß auch gelegentlich
mal auf den sogenannten Thron,
genau wie du und ich.

Auf diesem wohlvertrauten Ort
gibt's keinen Unterschied,
ein jeder ist im Grunde dort
nur um sich selbst bemüht.

Hier hat der größte Präsident
dem Bettler nichts voraus,
denn beide drücken sich dezent,
doch ohne Worte aus.

Gewiß, der eine hat kein Geld,
der andere ist reich,
wenn aber dann die Hülle fällt,
sind alle Menschen gleich.

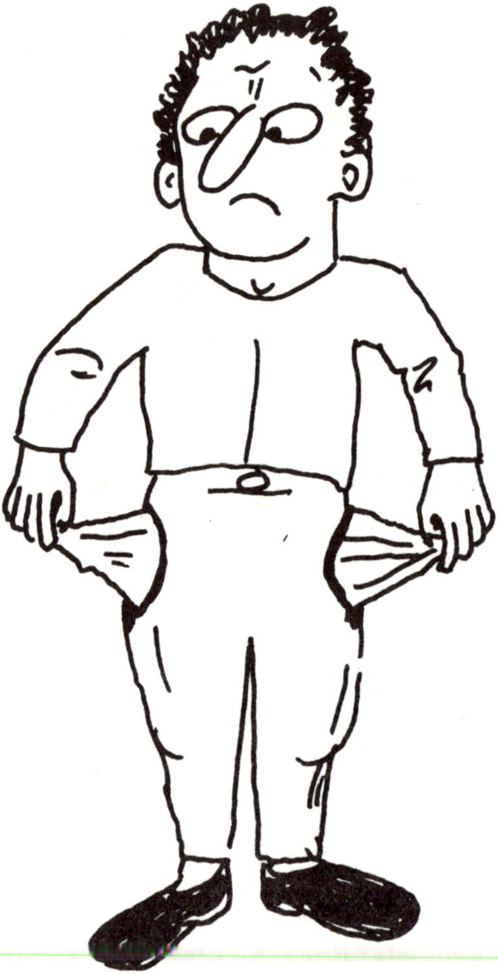

Der Dreh

Es weiß die liebe Obrigkeit
in unsern Taschen gut Bescheid,
aus denen sie sich unentwegt
großzügigst zu bedienen pflegt.

Kaum hast du was, schon hält der Staat
die ewig hohle Hand parat,
um dich nach Möglichkeit zu schröpfen
und dir die Kröten abzuknöpfen.

Du zahlst, denn das ist Bürgerpflicht,
meist reicht es vorn und hinten nicht,
drum wird von Zeit zu Zeit diskret
die Steuerschraube nachgedreht.

„Am Drehen liegt's," sagt Onkel Klaus,
„da kennen sie sich alle aus,
das ist schon immer so gewesen,
ob alter oder neuer Besen."

Und Tante Berta meint beklommen,
es würde wohl noch schlimmer kommen,
nun ja, die Zukunft wird's uns zeigen.
Hauptsache, die Diäten steigen!

Schönes Gefühl

Gestern traf ich einen guten,
früher recht betuchten Freund,
der zurzeit am absoluten
Dauerpech zu leiden scheint.

Ständig steckt er in der Pleite,
ob geschäftlich, ob privat,
niemals sah ich ihn, wie heute,
so geknickt und desolat.

Ich war immer nur ein kleiner
Stümper, der im Regen steht,
ach, wie freut sich unsereiner,
wenn es andern schlechter geht!

Morgenunterhaltung

„Man sollte nicht für möglich halten,
was alles auf der Welt passiert!"
sagt Berta laut zu ihrem Alten,
als sie das Morgenblatt studiert.

„Da hat doch so ein Malermeister,
der irgendwo in Frankfurt lebt,
mit einem extra starken Kleister
der Frau das Mundwerk zugeklebt!"

„Nanu, was hat sie denn verbrochen?"
erkundigt sich ihr Theodor,
„Sie hat ihm ständig widersprochen",
liest Berta aus der Zeitung vor.

„Dann hatte er auch Grund, der Gute!"
verteidigt Theo diesen Mann,
„Halt du gefälligst deine Schnute!"
fährt Berta ihn entrüstet an.

Worauf ihr Gatte sich mit bösem
Gesicht die Zeitung reichen ließ,
um auf der Stelle nachzulesen,
wie dieser Superkleister hieß . . .

Vertauschte Hüte

Zwei Damen trafen sich im Stadt-Café,
um dort gemütlich plaudernd zu verweilen,
sie sprachen über manches Ach und Weh
und hatten viel einander mitzuteilen.

Nachdem sie sich an Sahnequark gestärkt,
vertauschten sie beim Abschied ihre Hüte,
der Irrtum wurde erst daheim bemerkt,
die Pötte waren fast von gleicher Güte.

Jetzt ist die eine Dame eingeschnappt,
sie sagt, sie hätte sicherlich noch nie
auf ihrem Kopf 'ne Laus gehabt,
doch seit der Hutvertauschung hätte sie!

Darüber ist die and're so gekränkt,
daß sie sich nicht mehr aus dem Hause wagt,
sie hat, weil man ihr Läuse angehängt,
die Lügnerin beim Amtsgericht verklagt.

Die Damen waren jahrelang befreundet,
man kam sich immer liebevoll entgegen,
nun aber sind sie hoffnungslos verfeindet,
und alles der vertauschten Hüte wegen!

Der Astro-Spiegel

Ein Ingenieur mit Namen Kriegel,
erfand, was nie zuvor geschah,
den sogenannten Astro-Spiegel,
mit dem man in die Zukunft sah.

Die Menschen liefen scharenweise
zu diesem wundersamen Stück,
sie boten himmelhohe Preise
für einen kleinen Zukunftsblick.

Der Ingenieur hat, im Gedränge,
zunächst mal tüchtig abkassiert,
und dann der hoffnungsfrohen Menge
die Neuerfindung vorgeführt.

Der arme Kriegel! Er bedachte
die Tücke seines Werkes nicht,
die aufgedeckte Zukunft brachte
nur Unerfreuliches ans Licht.

Die Leute starrten in den Rahmen,
sie wurden alle leichenblaß,
als sie dann wieder zu sich kamen,
prost Mahlzeit, da erhob sich was!

Zuerst zerschlugen sie den Spiegel,
sie warfen ihn zum Fenster raus,
und dann verdroschen sie Herrn Kriegel,
er liegt zur Zeit im Krankenhaus.

Es scheint sich wirklich nicht zu lohnen,
daß man enthüllt, was kommen soll,
denn für zerstörte Illusionen
haut man dir nur die Hucke voll!

Fehlplanung

Es hat die Woche sieben Tage,
davon sind sechs nur Müh' und Plage,
der siebte wurde uns indessen
als Ruhepause zugemessen.

Das hört sich ganz vernüftig an,
doch jede brave Hausfrau kann
beweisen, falls sie's wörtlich nimmt,
daß die Behauptung gar nicht stimmt.

Denn auch der Sonntag ist für sie
ein Arbeitstag, sie feiert nie,
blieb sie bequem und faul im Bett,
so wär das Chaos schnell komplett.

Der Herrgott, der die Woche schuf,
war eben männlich von Beruf,
er hatte, trotz perfekter Planung,
vom Haushalt leider keine Ahnung.

„Migräne"

„Oh, Wilhelm, mach den Vorhang dicht,
ich habe heut Migräne,
mir schmerzen Schädel und Gesicht,
die Haare und die Zähne!

Oh, Wilhelm, bring den Eimer her,
mir ist entsetzlich übel,
stell's Radio ab und rauch nicht mehr,
ich bin ja so sensibel!

Oh, Wilhelm, lauf nach nebenan,
du mußt Kompressen holen,
besorge etwas Baldrian,
und denk auch an die Kohlen!

Oh, Wilhelm, schließ die Haustür zu
und gib mir meine Pillen,
ich brauche unbedingte Ruh
und ständig meinen Willen!

Oh, Wilhelm, koch mir Haferschleim
und tupfe meine Träne,
du hast ein Weib, ein trautes Heim,
und ich? Ich hab Migräne!!"

Krumme Schleifen

Sie war ein älteres Semester
voll sanfter Tugendhaftigkeit
und hatte sich, als Glaubensschwester,
der christlichen Mission geweiht.

Die Bibel war ihr sehr geläufig,
vom ersten bis zum letzten Blatt,
gebetet hat sie gleichfalls häufig,
wie es dem Herrn gefallen hat.

Doch wie das manchmal ist im Leben:
trotz ihrer frommen Selbstbeschau
war sie dem Alkohol ergeben
und dementsprechend öfters blau.

Wenn sie dereinst im Paradiese
als Engel krumme Schleifen fliegt,
weiß oben jeder, daß das miese
Verhalten nur am Kognak liegt.

Die Hungerkur

Luise steigt, wie alle Tage,
gespannt auf die Personenwaage,
sie prüft ihr Idealgewicht,
sie kennt es, doch sie hat es nicht.

Nach wissenschaftlichem Kalkül
wiegt sie genau zehn Pfund zuviel,
und das, obwohl sie, wie sie sagt,
nur noch am Hungertuche nagt.

Luise, die erfolglos litt,
versetzt der Waage einen Tritt,
so daß das alberne Gerät
zur Strafe fast in Trümmer geht.

Und dann, besorgt um die Figur,
macht sie die nächste Hungerkur,
sie frißt Pralinen und sie trimmt,
der nächste Fußtritt kommt bestimmt.

Sch – schade!

Paul Wimmer, der an Stottern litt,
macht einen Sonderkursus mit,
durch den er, laut Professor Knoll,
vorzüglich sprechen lernen soll.

Kaum ist der Lehrgang dann vorbei,
trifft Paul in einer Bäckerei
den alten Busenfreund Karl Preiß,
der von dem Sonderkursus weiß.

Karl fragt: „Na, hast du was erreicht?"
und Paul, als sei es kinderleicht,
sagt ohne Holpern und Gezische:
„Fischers Fritz fängt frische Fische!"

„Das ist," staunt Karl, „ja kolossal!
Du sprichst den Satz direkt normal!"
„Nur sch-sch-schade," druckst Paul Wimmer,
„er p-p-p-p-paßt nicht immer . . . "

Zuckerpusten

Freunde, auf zum Zuckerpusten,
diese Tätigkeit ist wichtig,
pusten, sage ich, nicht husten,
wenn, dann macht die Sache richtig!

Zucker pustet man von hinten
in gewisse Körperfalten,
immer kann man Leute finden,
die sie uns entgegenhalten.

In Erwartung des Genusses,
den sie sich von uns erhoffen
und des zuckersüßen Schusses
steht die Hintertür schon offen.

Dankbar nehmen sie zur Kenntnis,
wie wir uns devot bemühen,
um im stillen Einverständnis
Konsequenzen draus zu ziehen.

So erpustet man sich Titel,
Geld und hohe Positionen,
Zucker ist ein prima Mittel,
pustet nur, es wird sich lohnen.

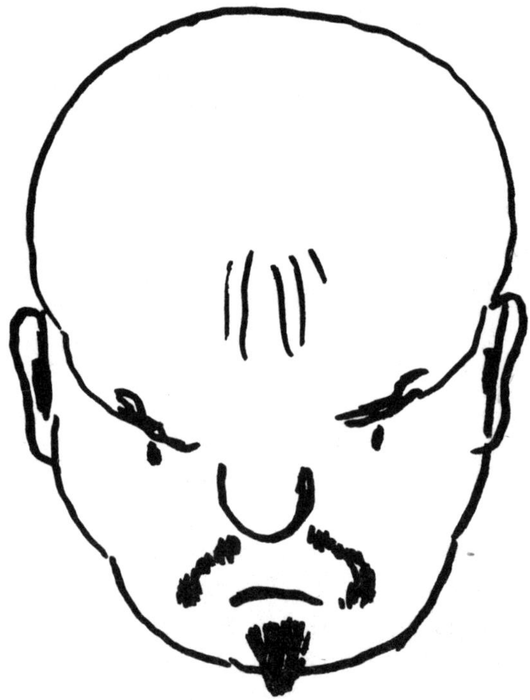

Plattenschaden

Sein Kopfschmuck ist nicht mehr der beste,
auf seinem Schädel stehen nur
noch ein paar kümmerliche Reste
der einst so schönen Haarfrisur.

Obwohl er aus Gesundheitsgründen
nur Rohkost aß und Vollmilch trank,
begann die Mähne zu verschwinden,
bald ist er oben völlig blank.

Verzweifelt rieb er seine Platte
mit stärksten Wundermitteln ein,
doch weil er kaum Erfolge hatte,
ließ er es schließlich wieder sein.

Höchst ungern guckt er in den Spiegel,
der breite Scheitel wurmt ihn sehr,
ein weicher Schwamm ersetzt den Striegel,
das Kämmen lohnt sich längst nicht mehr.

Nun grübelt er, warum, weswegen
er seine Lockenpracht verlor!
Die Sache mit dem sauren Regen
kommt ihm doch recht verdächtig vor . . .

Auf Suche

Neulich fand die liebe Lu
unerwartet einen Schuh,
einen Schuh, der offenbar
wie für sie geschaffen war.

Gleich hat sie ganz ungeniert
diesen Treter anprobiert,
gucke da, er saß famos,
paßte wirklich tadellos.

Doch mit einem Schuh allein
kann der Mensch nicht glücklich sein,
es bereitet viel Verdruß,
wenn man dauernd humpeln muß.

Und nun sucht die liebe Lu
krampfhaft nach dem zweiten Schuh,
sollte sie ihn finden, dann
zieht sie den sich auch noch an!

Edamer Käse

Als Oma jung und knusprig war,
da gabs beim Kaufmann Frese,
zum ersten Mal, nur gegen bar,
roten Edamer Käse.

Der Kaufmann pries die Neuigkeit
wie Manna in der Wüste,
auch preiswert wäre er zur Zeit,
was Oma sehr begrüßte.

Sie schnupperte am Angebot
und nahm zwei volle Pfunde,
sie aß ihn ohne Butterbrot,
und er zerging im Munde.

Es folgte eine schlimme Nacht
mit Leibweh und Kompressen,
da hat sie sich ihr Teil gedacht
und wieder Schmalz gegessen.

Zahnloser Sonntag

Am Sonntagmorgen saß, wie stets, Marie
voll Andacht im geschnitzten Kirchgestühl,
als ihr im Lauf der schönen Liturgie
ein eingewickeltes Gebiß zu Boden fiel.

Die Zähne kullerten aus dem Papier,
ein Nachbar hob sie auf mit roten Ohren
und flüsterte: „Mariechentante, hier,
du hast beim Singen eben was verloren."

Marie erklärte nach dem ersten Schrecken:
„Ach, weißt du, das sind meinem Heinrich seine,
ich muß sie sonntags immer gut verstecken,
sonst ißt er's ganze Suppenfleisch alleine!"

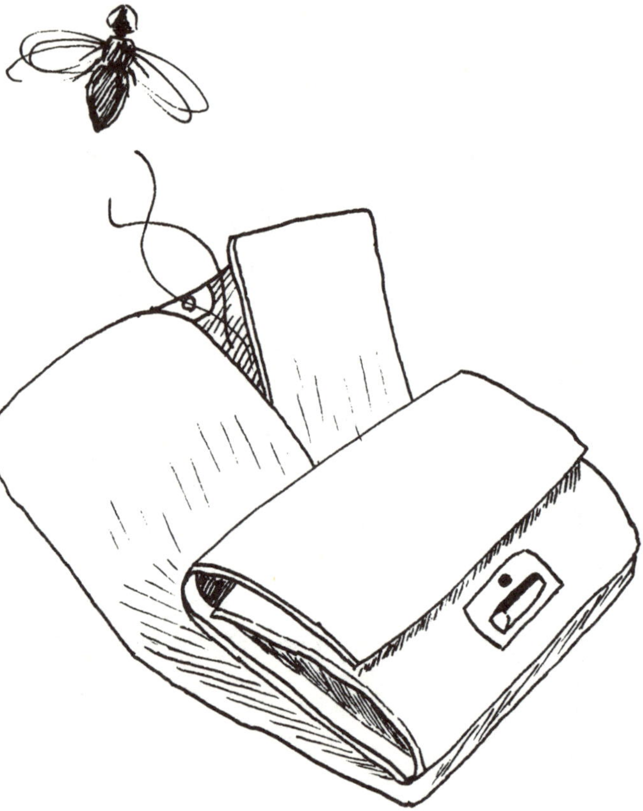

Wahre Erkenntnis

Der Rentner Paul aus Ilmenau
sitzt vor der Flimmerkiste
und hört bei jeder Tagesschau,
daß man jetzt sparen müßte.

Natürlich wird beim kleinen Mann
am kräftigsten gekürzt,
der Paul, der das nicht fassen kann,
ist ratlos und bestürzt.

„Nein," legt er los, „das geht zu weit,
das ist ja eine Schande,
ich fordere Gerechtigkeit
in diesem unserm Lande!"

Da sagt sein Weib, die Annegreth:
„Paul, eines merke dir,
wenn's auf der Welt gerecht zugeht,
dann sind wir nicht mehr hier."

Weise Beschränkung

Sie mochte ihn damals ja irgendwie gern,
doch es war keine richtige Liebe,
sie wollte nun mal keinen festen Herrn,
sie wollte, daß alles so bliebe.

Sie schwirrte emsig von Mann zu Mann,
hielt gar nichts von ständiger Bindung,
„Die Ehe", erklärte sie dann und wann,
„ist eine blöde Erfindung."

Den Standesbeamten bemühte sie nie,
sie brauchte nicht Pfarrer noch Küster,
sie dachte immer, es wär noch zu früh,
jetzt ist sie ein altes Register.

Und wenn sie von einer Hochzeit hört,
dann sagt sie mit saurem Gesichte:
„Die Männer sind keinen Schuß Pulver wert,
nein, danke sehr, ich verzichte!"

Traum eines Steuerzahlers

Die Freude bringt mich fast um den Verstand:
das Fiesefinanzamt ist abgebrannt!
Welch ein Gejubel, welch fröhlicher Trubel,
die Glocken frohlocken im ganzen Land.

Nun eilt herbei, ihr geschröpften Armen,
der Himmel will sich euer erbarmen,
blast die Trompeten, schießt mit Raketen,
danket dem Blitz, dem vieltausend Grad warmen!

Vorbei ist die fiskusunselige Zeit . . .
da schnarrt mein Wecker mit schrillem Geläut,
mein Traum geht unter, ich werde munter,
und vor mir liegt wieder der Steuerbescheid.

Gedächtnisknoten

Wer Sorge hat, was zu verschwitzen,
der macht sich schriftliche Notizen,
ich führe äußerst selten Buch,
denn mir genügt mein Taschentuch.

Zwei Griffe her, zwei Griffe hin,
schwupp, ist ein großer Knoten drin,
im Knüpfen bin ich sehr geübt,
weil's vieles zu bedenken gibt.

Man kann gedächtnisschwachen Seelen
die Geistesstütze stets empfehlen,
denn so ein Knoten dick und breit,
wirkt Wunder bei Vergeßlichkeit.

Die Knüpfmethode, sonst von Nutzen,
stört allerdings beim Naseputzen,
man muß sich in der Not bequemen,
den Aufzug in Betrieb zu nehmen.

Keusche Wende

Früher war sie gar nicht prüde
und in keinster Weise brav,
sondern eher unsolide,
was die Sittlichkeit betraf.

Heute ist Madam dagegen
sehr auf die Moral bedacht,
schon des Rheumatismus wegen,
der ihr schwer zu schaffen macht.

Denn mit schmerzenden Gelenken
ist an vieles offenbar
überhaupt nicht mehr zu denken,
was ihr sonst geläufig war.

Ganz der Tugend hingegeben
will sie, möglichst lange noch,
keusch für die Gesundheit leben,
aber schade ist es doch!

Wird nichts draus

*Wie wäre es auf Erden schön,
wenn alle sich vertrügen,
und wenn sich die, die contra stehn,
aus Faulheit nicht mehr schlügen.*

*Wir lebten glücklich und fidel,
fast wie im Garten Eden,
es gäb nicht Kriege noch Krakeel,
denn jeder liebte jeden.*

*Da hieße es tagaus, tagein
nur „danke sehr" und „bitte",
es würde schier unmöglich sein,
daß jemand Schaden litte.*

*Wie sanft ging's auf den Straßen her,
wie nett bei den Behörden,
wie friedlich gar beim Militär!
Es wird wohl nichts draus werden . . .*

Trimm dich !

Fettwanst, der du bist, benimm dich
mäßiger bei Tisch, und trimm dich,
weg mit Speck und Doppelkinn,
nur wer trimmt, ist heute „in".

Jetzt, im wunderschönen Lenz,
trimmt sogar die Prominenz,
und das Volk trimmt hintendrein,
niemand will ein Moppel sein.

Nun ade, Kartoffelklöße,
Braten, Torte, Majonäse,
Vater Jahn wird, Knie beugt,
eisern Reverenz erzeigt.

Und so hopsen sie durch's Grüne
mit verklärter Duldermiene,
ich dagegen denke laut:
Eisbein, Bier und Sauerkraut!

Tee ohne Rum

Immer, wenn der Ottokar
Rum-besäuselt selig war,
machte Anna, seine Frau,
einen schrecklichen Radau.

„Otto, meide Alkohol,
denn er treibt, du weißt es wohl,
deinen Blutdruck in die Höh',
Otto, trink Gesundheitstee!"

Otto pichelt, wie bisher,
heute noch die Flaschen leer,
Anna, die Gesundheit trank,
steht als Foto auf dem Schrank.

„Rum", wie Otto nun doziert,
„hält gesund und konserviert,
dieser Tee, ganz ohne Rum,
brachte meine Anna um!"

Zur Tröstung

Es ist nicht alles Gold, was glänzt,
man merkt's schon in der Windel,
was scheinbar an ein Wunder grenzt,
entpuppt sich, wenn du's recht erkennst,
als Humbug und als Schwindel.

Wenn einer eine Erbschaft macht
und spitzt auf viele Gulden,
so hat er völlig falsch gedacht,
das ganze Geld ist durchgebracht,
er erbt des Onkels Schulden.

Ein andrer, der im Lotto spielt,
glaubt stets, er tippe richtig,
dann hat er drei Mark fünf erzielt,
sein Übermut wird abgekühlt,
das große Glück bleibt flüchtig.

Der dritte sucht sich eine Frau
und hofft auf heile Socken,
die aber nimmt's nicht so genau,
macht, statt zu stopfen, einfach blau
und dreht sich lieber Locken.

Die Menschheit will betrogen sein,
Erkenntnis, du bist bitter,
da fällt mir noch zur Tröstung ein:
wir spielen einst, als Engelein,
auf einer goldnen Zither!

Das Sofa von Kanaan

Ich ließ mir einst, lang ist es her,
ein neues Sofa machen,
ein Polsterer und Dekorateur
bekam die besten Sachen:

Zwei Säcke Roßhaar gab ich hin,
auch handgewebtes Leinen,
doch später fand ich Stroh darin,
ein Wunder, will mir scheinen!

Der Oberstoff war auch nicht das,
was ich ihm anvertraute,
mir wurden stets die Augen naß,
wenn ich auf's Sofa schaute.

Der Polsterkünstler hat, ihr seht,
wie Jesus Christ gehandelt,
nur hat er gute Qualität
in schlechten Schund verwandelt.

Das Sofa ist schon lange tot,
es fiel dem Wurm zur Beute,
sein Schöpfer wurde nicht mal rot,
der Fittich lebt noch heute.

Haube und Deckel

Felicitas, Felicitas,
was machst du in der Laube,
ich glaube gar, du suchst etwas,
suchst du nach einer Haube?

Die alte Kopfbedeckung ist
der Wunschtraum vieler Damen,
sie suchen voller Hinterlist
nach einem solchen Rahmen.

Felicitas, beeil dich flott,
da kommt der Milchmann Göckel,
der sucht für seinen schiefen Pott
seit Jahren einen Deckel!

Drei Kreuze

Der Onkel Paul war immer schon
ein unzufriedener Patron,
jetzt aber, angesichts der Wahl,
krakeelt er schlimmer als normal.

Klein-Erna kommt und möchte wissen,
warum die Leute wählen müssen,
und was an dieser ganzen Sache
den Onkel denn so wütend mache.

„Na, was schon," sagt der Onkel ihr,
„man malt zwei Kreuze auf's Papier,
damit man 'ne Regierung kriegt,
die uns bloß auf der Tasche liegt!"

„Zwei Kreuze?" Erna guckt erstaunt –
„Ja," faucht der Onkel mißgelaunt,
„und in vier Jahren, dummes Gör,
schlägt man drei Kreuze hinterher!"

So 'ne Frechheit!

Ein Mensch, der einfach aus Prinzip
im Urlaub stets zu Hause blieb,
galt, weil er nie auf Reisen ging,
als recht verkauzter Sonderling.
Ihm war das freilich schnurzegal,
er hielt den Zustand für normal,
zu Hause hatte er's bequem,
und billig war es außerdem.
Kein Wunder, daß die ganze Stadt
sich oft das Maul zerrissen hat,
wenn alles reist, er aber nicht,
so ist er oben nicht ganz dicht!
Der Querkopf dürfte allgemein
nicht mehr gesellschaftsfähig sein,
er kennt ja nicht einmal Madrid!
Nein, so was redet nicht mehr mit!
Doch glauben Sie, der Kerl versteht,
daß sein Prestige flötengeht?
Von wegen, er bleibt wieder da
und urlaubt auf Balkonia!
Er faulenzt rum, wie's ihm gefällt,
schont seine Nerven, spart sein Geld,
wobei er sich noch ungestreßt
die Apfelsinen schmecken läßt,
mit einem Wort, es macht ihm Spaß!
Ich bitte Sie, wo gibt's denn das?
Wer aus Mallorca wiederkehrt
und so was Unverschämtes hört,
kommt zweifelsohne zu dem Schluß,
daß das verboten werden muß!

Unerforschliche Wege

Aus noch ungeklärten Gründen
fällt uns mancher Gegenstand,
den wir wochenlang nicht finden,
plötzlich wieder in die Hand.

Dort, wo er normalerweise
liegen müßte, ist er nicht,
später kommt er still und leise
anderswo an's Tageslicht.

Brillen ruhen, zum Exempel,
bei der Wurst im Vorratsspind,
während Reisepaß und Stempel
im Kartoffelkeller sind.

Ringe schlummern in Terrinen,
zwischen Strümpfen das Gebiß,
Portemonnaies in Waschmaschinen,
ob noch heil, bleibt ungewiß.

Opa's beste Tabaksdose
wird im Kleiderschrank entdeckt,
wo sich, statt der Unterhose,
auch ein Regenschirm versteckt.

Nach vermißten Schlüsselbunden
fahndet man im Federbett,
Armbanduhren, die verschwunden,
hängen dann am Schlüsselbrett.

Niemals wird der Mensch kapieren,
welchen Weg die Dinge gehn,
ärgerlich ist das Verlieren,
aber schön das Wiedersehn!

Die Gondel

Neureichs haben aus Venedig
eine Gondel mitgebracht,
leider ist sie etwas schädig,
was sie noch antiker macht.

Diese wird als Blumenkrippe
in der Diele installiert,
und alsdann der ganzen Sippe
zum Bestaunen vorgeführt.

Neidisch blickt die Schickeria
auf die Blumengondel hin.
Später ist, oh mama mia,
im Parkett der Holzwurm drin.

Kurz und bündig

Zu dem Chirurgen Meier kamen
des öfteren betagte Damen
und ließen sich von ihm die schlaffen
Gesichter oder Busen straffen.

Auch Frau Loretta Putenschlung
begab sich, zwecks Verschönerung,
in eine Klinik bei Bad Tölz
zu diesem Meister des Skalpells.

Der machte ihr, was nahe lag,
gleich einen Kostenvoranschlag,
und Frau Loretta blieb vor Schreck
zunächst einmal die Spucke weg.

„Fünftausend?" hauchte sie entsetzt,
„ich hatte weniger geschätzt,
gibt es kein billiges Verfahren,
um hohe Summen einzusparen?"

„Gewiß, Madam," sprach Doktor Meier,
„besorgen Sie sich einen Schleier
und tragen Sie ihn bis zum Nabel,
dann wirken Sie noch ganz passabel!"

Möbelrücken

Schrumm geht zweimal in der Woche
in die Kneipe nebenan,
wo er, frei vom Ehejoche,
seine Schnäpse trinken kann.

Seine „Alte" ist ein Drachen,
der ihm kein Vergnügen gönnt,
Schrumm hat wirklich nichts zu lachen,
wie er weinerlich bekennt.

Eine ordentliche Zeche
gibt ihm wieder neuen Mut
für die hausinternen Kräche,
langsam säuft er sich in Wut.

Nachts um drei schwankt er im Nebel
heimwärts, in der Hand die Schuh,
und dann rücken Schrumms die Möbel,
alle Nachbarn hören zu.

Das Gebiß

Herr Schrumm hat ein Gebiß bekommen,
das er jedoch nur ungern trägt,
meist wird es aus dem Mund genommen
und in den Küchenschrank gelegt.

Frau Schrumm ist ziemlich ungehalten,
weil er den Zahnersatz verschmäht,
zumal das Mümmeln ihres Alten
ihr ständig auf die Nerven geht.

Trotz Predigten und vielen Bitten
hält er an seinem Dickkopf fest,
die Ehe hat schon sehr gelitten,
da Schrumm sich nicht bekehren läßt.

Doch plötzlich setzt er seine Zähne
freiwillig und von selber ein,
er scheint in Fräulein Magdalene,
die Nachbarin, verliebt zu sein.

Kaum hat Frau Schrumm davon erfahren,
heißt's: „Mann, nimm das Gebiß heraus,
du siehst damit in deinen Jahren
wie Dracula persönlich aus!"

Die Zähne liegen wieder friedlich
im Küchenschrank, ganz wie gehabt,
Schrumm lächelt schief und denkt gemütlich:
Das hat ja fabelhaft geklappt!

Mit Fräulein Magdalene war nichts,
er tat bloß so, als ob was wär,
ein Dickkopf nützt mitunter gar nichts,
mit Eifersucht erreicht man mehr.

Man muß sich nur zu helfen wissen,
dann kriegt man endlich seine Ruh,
Frau Schrumm sagt neuerdings beim Küssen:
„Schatz, keiner kann das so wie du."

Gestutzte Flügel

Schrumm hat seine Frau betrogen,
die ihm das sehr übel nahm,
Adelheid ist ausgezogen,
als sie ihm dahinterkam.

Anfangs schien ihm das erfreulich,
doch schon bald bereute er,
in der Wohnung staubt's abscheulich,
niemand stopft die Socken mehr.

Als er keine heile Tasse
und kein Hemd mehr finden kann,
wird er schließlich, mangels Masse,
zum zerknirschten Ehemann.

Adelheid läßt sich erweichen,
kommt zurück und wäscht und putzt,
Schrumm darf ihr die Schere reichen,
als sie ihm die Flügel stutzt.

Schmerzliche Liebe

Herr Schrumm, der eine Sauftour macht,
kommt abends, gegen sieben,
von seinem Wirt auf Trab gebracht,
nach Haus zu seinen Lieben.

Madam lehnt an der Küchenwand,
voll ärgerlichen Mutes,
der Besenstiel in ihrer Hand
bedeutet gar nichts Gutes.

Schrumm bittet sie im sanften Ton,
sich nur nicht aufzuregen,
da tritt der Besen in Aktion,
der Herr kriegt seinen Segen!

Die Hiebe, die die Gattin schlägt,
sind kräftig, aber herzlich,
oh Liebe, die die Welt bewegt,
wie bist du oft so schmerzlich.

Der Auswanderer

Schrumm ist fest entschlossen auszuwandern,
denn er fürchtet für Europas Fortbestand,
Ziele seiner Wahl sind, unter andern,
Ost-Australien oder Feuerland.

Hier erheben sich erneut Probleme:
Gibt's dort Wasser, Kanalisation?
oder aber auch so angenehme
Dinge wie zum Beispiel Telefon?

Schrumm verfällt in tagelanges Grübeln!
Auch wenn es ihn in die Ferne treibt,
wird ihm niemand allzusehr verübeln,
wenn er schließlich in Klein-Blöditz bleibt.

Das Porträt

Es hat Herr Schrumm für teures Geld
beim Maler sein Porträt bestellt,
der Künstler sah den Auftrag gerne,
doch leider schwärmt er für's Moderne.

Als Schrumm sein Konterfei betrachtet
hat eine Ohnmacht ihn umnachtet,
und als er wieder zu sich kam,
schlug er den Meister lendenlahm.

Nun kann der Ärmste nicht mehr malen,
Herr Schrumm muß Schmerzensgeld bezahlen,
das Kunstwerk aber liegt, oh Jammer,
in einer dunklen Besenkammer.

Bohnensuppe

Bei Schrumm's gibt's Pfingsten Bohnensuppe,
das ist des Hausherrn Leibgericht,
der schönste Braten ist ihm schnuppe,
selbst frischen Spargel mag er nicht.

Auf Bohnen ist er ganz versessen,
er kann sie praktisch jederzeit
in ungeheuren Mengen essen,
nein, Bohnen wird er niemals leid.

Hat Schrumm die Suppe dann genossen,
fühlt er sich heiter und beschwingt,
am Montag wird Salut geschossen,
was sehr nach seinem Namen klingt!

Urlaub 2283

Als Hubert Schrumm die Welt verließ,
gelangte er in's Paradies,
man konnte in den Akten lesen,
er sei ein netter Kerl gewesen.

Im Jenseits wurde er zur Plage,
er nervte jeden mit der Frage,
ob sich die Menschheit gut benehme
und zur Vernunft und Einsicht käme.

Dreihundert Jahre fragte er,
was mit dem alten Globus wär,
dann bat die hohe Direktion
den Querkopf an das Telefon.

„Mein Sohn," so klang es an sein Ohr,
„dir steht ein Urlaubstag bevor,
du darfst den irdischen Planeten
noch einmal kurz als Gast betreten."

Schrumm rief erfreut: „Recht vielen Dank –"
als er auch schon in Ohnmacht sank,
im Tiefschlaf einen Salto machte
und drunten auf der Welt erwachte.

Er sah sich um und wurde blaß,
du liebe Zeit, was war denn das?
Was fiel der Direktion nur ein?
Das mußte doch ein Irrtum sein!

Denn alles, was ihn hier begrüßte,
glich einer öden Trümmerwüste,
der kahle Stern, auf dem er stand,
schien ihm ganz fremd und unbekannt.

Nach langem Suchen stieß Herr Schrumm
auf eine Birke, dürr und krumm,
dort hockte er und wurmte sich,
bis daß der Urlaubstag verstrich.

Ins Paradies zurückgekehrt,
hat er sich im Büro beschwert:
Sie würden wohl nicht richtig ticken,
ihn einfach auf den Mars zu schicken!

Da sprach die himmlische Behörde:
„Oh nein, mein Sohn, das war die Erde,
jetzt weißt du, wie's die Menschheit trieb
und was vom Globus übrig blieb."

Das Rentnerkino

In Korbach haben's die Rentner schön,
die Pensionäre, die strahlen,
sie können täglich in's Kino geh'n
und brauchen nichts zu bezahlen.

Am Berndorfer Torplatz gähnt zur Zeit
ein ungeheurer Trichter,
dort steh'n sie bei jeder Gelegenheit
und machen gespannte Gesichter.

Der Bagger rollt, das Bauholz kracht,
Betonmaschinen rotieren,
die Rentner halten eisern Wacht,
um sich zu amüsieren.

Es ist ein herrlicher Freizeitspaß,
er fördert die Unterhaltung,
die Pensionäre erzählen sich was
von wegen moderner Gestaltung.

Das hochverehrte Publikum
bleibt ständig auf dem Posten,
man rätselt stundenlang herum:
Was wird das Loch wohl kosten?

Ist einst das Riesenwerk vollbracht,
sind alle, mit Recht, verdrossen,
die Freilichtbühne wird zugemacht,
und das Rentnerkino geschlossen.

Philister
Buchhaltung

Die Wandlung

Bollermann hat aufgehört,
Schnaps zu saufen und zu qualmen,
ganz dem Himmel zugekehrt
liest er König David's Psalmen.

Achtundachtzig ist er jetzt,
und er bangt um seine Seele,
daß sie nicht zu guter Letzt
noch das Paradies verfehle.

Oben merkt man, was er treibt,
Petrus blättert im Register,
streicht den „Sünder" durch und schreibt:
„Alter Gauner und Philister!"

Korrespondenz

An des Schusters Ladentür
hängt ein großes Blatt Papier:
„Bitte einen Augenblick,
komme gleich sofort zurück."

Mancher Bürger liest das Blatt,
das man dort befestigt hat,
doch vergeblich wartet er
auf des Meisters Wiederkehr.

Eine Stunde geht vorbei,
aus der einen werden zwei,
und die Kunden sind empört,
weil sich so was nicht gehört.

Als der Schuster endlich naht,
steht auf seinem Trostplakat:
„Ist das etwa gleich sofort?
Du verdammter Lügenlord!"

Doppeltes Pech

Meier's Köchin, Fräulein Hanne,
trinkt so gerne Enzian,
ständig ist sie einer Kanne
solchen Inhalts zugetan.

Unter dieser Unart leiden
ihre sämtlichen Menue's,
selten kann man unterscheiden,
ob sie sauer oder süß.

Alle aufgetischten Speisen,
sei es Braten, sei es Kohl,
haben außerdem den leisen
Beigeschmack von Alkohol.

Man entließ das Frauenzimmer,
eine andre mußte her,
doch es wurde nur noch schlimmer:
Jettchen liebt Anislikör.

Aphrodite

Meine Freundin Aphrodite
trägt so gerne schicke Hüte,
manche rund und manche spitz,
manche sehen aus wie'n Witz.

Meine Freundin Aphrodite
wohnt bescheiden und zur Miete,
aber ein verrückter Hut
macht das Manko wieder gut.

Meine Freundin Aphrodite
ist am Kochtopf eine Niete,
doch ihr Kopf ist ein Gedicht!
Wie's drin aussieht, weiß man nicht.

Kleines Großmaul

Früher war er nicht von Pappe,
wie man so zu sagen pflegt,
über seine freche Klappe
hat sich mancher aufgeregt.

Sich in alles einzumischen,
war für ihn der schönste Sport,
jedem quatschte er dazwischen,
lauthals führte er das Wort.

Seit der Heirat mit Charlotte
ist er freilich übel dran,
gegen ihre superflotte
Schnute kommt er nicht mehr an.

Ohne Rücksicht auf Verluste
macht sie ihm das Leben schwer,
er, der alles besser wußte,
traut sich überhaupt nichts mehr.

Ihren Launen preisgegeben,
spielt er den Pantoffelheld,
und zu reden hat er eben
nur noch das, was ihr gefällt.

Ach, wie hat der Schwerenöter
sich als Großmaul aufgebläht!
Heute mißt er einen Meter,
wenn er auf der Fußbank steht.

Das Telefon

Tante Gustchen aus Neu-Kronstadt
hört seit Jahren etwas schwer,
aber seit sie Telefon hat
hört und sagt sie gar nichts mehr.

Stundenlang Gespräche führen
war ihr früher liebste Last,
jetzt, nach Steigen der Gebühren,
ist ihr dieses sehr verhaßt.

Taubstumm muß die Tante fasten,
selten teilt sie noch was mit,
sie verwünscht den Rappelkasten
und die Post samt Defizit.

Gekränkte Flasche

Herr Oberamtsinspektor Plett
geht winters gerne früh zu Bett,
das ist gesund, spart Strom und Licht,
und wer da schläft, der sündigt nicht.

Nun sind die dicken Daunenpfühle,
der Jahreszeit entsprechend, kühle,
da hilft man sich nach alter Masche,
mit einer Gummiwärmeflasche.

Frau Plett macht stets mit großem Fleiß,
die rechte Menge Wasser heiß,
und dann, so gegen halber acht,
wird das Gefäß in's Bett gebracht.

Die Flasche wärmt nicht nur den Gatten,
sie kommt auch noch Frau Plett zustatten,
denn legt der Liebste sich zur Ruh,
so schiebt er ihr die Heizung zu.

Wie wohlig schnarcht es sich im Dunkeln,
wenn draußen kalt die Sterne funkeln,
die Flasche liegt, zu nichts mehr nütze,
gekränkt in der Besucherritze.

Der Trinkspruch

Oma Bolle wurde achtzig,
der Herr Pfarrer kam zu ihr,
und die gute Oma macht sich
Mühe mit dem hohen Tier.

Um des Gastes Durst zu stillen,
stellt sie Schnaps und Bier bereit,
aber wie, um Himmelswillen,
sagt man „Prost" zur Geistlichkeit?

Doch die Oma nimmt die Hürde
mit Geschick und mit Humor,
als er trinkt, sagt sie voll Würde:
„Halleluja, Herr Pastor!"

Der Einbruch

Eines Morgens um halb viere,
draußen herrscht noch finstre Nacht,
hört man an Frau Jettchens Türe
einen, der Geräusche macht.

Nun, die gute Tante Jette
ist auf ihre Umsicht stolz,
immer hängt an ihrem Bette
ein solides Nudelholz.

Leise und auf nackten Füßen
hat sie sich am Schrank postiert,
um den Räuber zu begrüßen:
bauz! da ist es schon passiert.

Wie der Blitz ging das vonstatten,
als sie dann die Lampe kriegt,
findet sie den teuren Gatten,
der betäubt am Boden liegt.

August kam von einer Reise
früher heim, als vorgesehn,
sehr bedauerlicherweise
muß man ihm die Glatze nähn.

Kleinlaut schweigt die Tante Jette,
wenn sie an das Unglück denkt,
und ich wette, daß am Bette
nun ein Filzpantoffel hängt.

Polonaise

Der beste Teil vom Schützenfest
ist stets die Polonaise,
wer diesen Satz nicht gelten läßt,
dem sind die Damen böse.

Denn auch die Damen möchten gern
mal öffentlich marschieren,
und sich mit ihren feschen Herrn
der Menge präsentieren.

Sie werfen sich mit Charme und Schick
in ihre feinsten Roben,
und dann, zum Klang der Blechmusik,
wird quer durch's Dorf geschoben.

Da mustert jede voller Neid
der anderen Kledage,
trägt irgendwer ein schöner Kleid:
oh, schreckliche Blamage!

Sie grüßen rechts und nicken links
mit sauersüßem Lächeln,
ein bißchen später allerdings
beginnt das große Hecheln.

Nichts, was der Polonaise gleicht,
sie ist was Wunderbares,
der modische Gesprächsstoff reicht
bis Mitte nächsten Jahres!

Verregnete Schönheit

Fräulein Magdalene hat sich
einen Strohhut zugelegt,
den sie, weil sie ziemlich glatzig,
ständig auf dem Kopfe trägt.

Jüngst geriet sie in die Traufe,
ganz verregnet kam sie heim,
und der Hut mit lila Schlaufe
ging ihr völlig aus dem Leim.

Seit der unverhofften Pleite
ist das Fräulein sehr geknickt,
denn jetzt lachen alle Leute,
wenn man diesen Hut erblickt.

Ach, wie manches Schönheitspflaster,
das des Menschen Blöße ziert,
wird zum kläglichen Desaster,
wenn es die Fasson verliert.

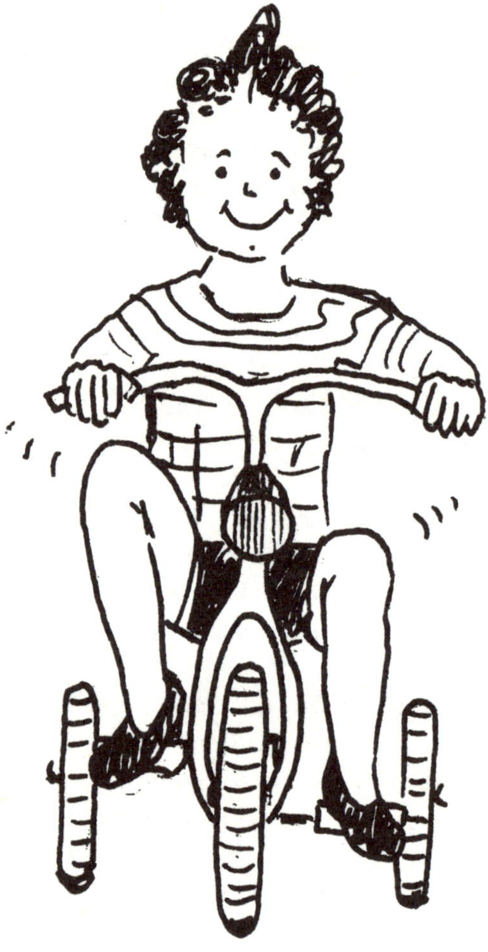

Familiengründung

Der Franz schenkt der Ottilie
im Frühling eine Lilie,
wie hat Ottilie sich gefreut!
Franz aber hat es sehr bereut.

Er mußte vor den Traualtar,
was nicht nach seiner Mütze war,
und sie trug keine Myrte,
weil sie sich leider irrte.

Die Gründung der Familie
geschah aufgrund der Lilie.
Vier Jahre nach der Heirat
fährt's kleine Fränzchen Dreirad!

Schlagender Beweis

Fritzchen kommt mit lautem Heulen
in die Küche reingewetzt,
um der Mutter mitzuteilen,
Vater hätte sich verletzt.

„Oben in der Rumpelkammer,
hat er ein Regal gebaut,
und dann hat er mit dem Hammer
auf den Daumen draufgehaut!"

„Ach, was machst du denn für Sachen,"
Mutter streichelt sein Gesicht,
„über sowas mußt du lachen,
weinen brauchst du wirklich nicht."

„Ja, von wegen," schluchzt der Kleine,
während er das Ohr massiert,
„wenn man lacht, dann kriegt man eine!
Ich hab's grade ausprobiert . . . "

Der Dröppel

Ploches Karolinewase
hat im Winter, wenn es friert,
einen Dröppel an der Nase,
den sie ab und zu verliert.

Ihren Mann, den alten Ploche,
ließ der Anblick ziemlich kühl,
bis der Dröppel letzte Woche
in die Erbsensuppe fiel.

Ploche wollte nichts mehr essen,
als er die Bescherung sah,
schließlich hat er doch gegessen,
denn es war nichts andres da.

Seine unheilvolle Miene
hat inzwischen was genutzt,
weil sich jetzt die Karoline
immer schön die Nase putzt.

Das Schokoladenauto

Der Fritz bekam zum Wiegenfeste
von einem der Geburtstagsgäste
ein Auto, ganz aus Schokolade,
zum Fressen eigentlich zu schade.

Doch er, auf Süßigkeit versessen,
hat es auf einen Rutsch gegessen,
die Folgen waren Magenweh,
Verstopfung und Kamillentee.

Nun sitzt er in des Örtchens Stille
verzweifelt auf der runden Brille,
hält meterlang Papier parat
und hofft, daß die Erlösung naht.

Die Mutter fragt, so nebenbei,
wie weit er mit dem Auto sei,
und Fritzchen brummt auf seinem Thron:
„Gleich isses da, es tutet schon!"

Das Gewitter

„Du, Papa," fragte der kleine Fritz,
„warum gibt es denn Donner und Blitz?"
Der Vater läßt sich zwar ungern stören,
aber er will es dem Sohn erklären.

„Ja," sagt er, „es entstehen oft schwere
Spannungen in der Atmosphäre,
werden die Spannungen gar zu groß,
kommt es zum Knall, und dann geht's los."

„Ach so," meint Fritz, „jetzt wird mir klar,
was gestern mit dir und der Mutti war,
erst hattet ihr Spannung, dann hat's gekracht,
und dann habt ihr zwei ein Gewitter gemacht!"

Mengenlehre

Fritzchen plaudert aus der Schule,
er erzählt von Mengenlehre,
Oma fragt im Schaukelstuhle,
was denn das nun wieder wäre.

Fritz beschreibt ihr die Methode,
Oma meint, als sie's gelesen,
der Erfinder dieser Mode
sei nicht recht bei Trost gewesen.

Die bedauernswerten Blagen!
Sie beschließt, das Feld zu räumen,
um von ihren Kindertagen
und vom Einmaleins zu träumen.

Der Sündenfall

Als Eva einst den Apfel nahm,
und Adam hatte zugegriffen,
da wußten beide nicht, was kam,
sonst hätten sie sich's verkniffen.

Die Frucht, die an jenem Baume hing,
war Obst, das sie schlecht vertrugen,
um einen einzigen Apfel ging
die ganze Welt aus den Fugen.

Das Unglück wäre nie passiert
mit einer alten Melone,
wir lebten noch heute ungeniert,
oben und unten ohne.

Pantoffelheld

Als Herr Pips, der früh erwachte,
seinen Morgenrundgang machte,
sah er, dicht am Mühlenteiche,
eine Bier- und Branntweinleiche.

Diese Leiche hieß Herr Krause,
scheinbar fand er nicht nach Hause,
als er aus der Kneipe kam
und die falsche Richtung nahm.

Pips begibt sich auf der Stelle
in die nächste Fernsprechzelle,
um Frau Krause das Verweilen
ihres Gatten mitzuteilen.

Als Frau Krause solches hört,
spricht sie zornig und empört:
„Laß den alten Saufkopp liegen,
soll er ruhig Schnupfen kriegen!"

Pips ist platt, denn ihm persönlich
ging es einmal ziemlich ähnlich,
aber Adelheid, die Seine,
half ihm wieder auf die Beine.

Pips gedenkt voll Dankbarkeit
seiner lieben Adelheid,
und es freut ihn ungemein,
ihr Pantoffelheld zu sein.

Tante Hulda

Lügen haben kurze Beine,
heißt ein Wort, das sehr bekannt,
besser wär, sie hätten keine,
denn dann käm nicht täglich meine
Tante Hulda angerannt.

Über Anna, Paul und Klärchen
weiß sie jede Neuigkeit,
sie erfindet schlimme Märchen,
läßt an nichts ein gutes Härchen,
oh, wie bin ich Hulda leid!

Höre ich sie auf dem Gange,
flüchte ich auf den Abort,
Hulda läutet laut und lange,
halbe Tage sitz ich bange
auf dem stillen Zufluchtsort.

Flotte Nachrichten

Keine Zeitung kann so schnell
Nachrichten verbreiten,
wie die Klatsch- und Tratschmamsell
ihre Neuigkeiten.

Alles, was ringsum passiert,
wird sofort und gründlich
vor der Haustür kolportiert,
der Bericht wächst stündlich.

Was man flüsternd weitergibt,
gilt als streng vertraulich,
dieses Tun ist sehr beliebt,
stärkend und erbaulich.

Falls die Seifenblase platzt,
wird man prompt behaupten,
niemals habe man geschwatzt,
was die andern glaubten.

Ein Skandal fand nirgends statt,
Lüge war's und Dichtung,
wer ein flottes Mundwerk hat,
wechselt oft die Richtung.

Morgen wird Mamsell erneut
ihres Amtes walten,
denn die nächste Neuigkeit
ist nicht aufzuhalten!

Liebeserklärung

Du warest meine Freude,
mein ganz besondrer Stolz,
du, meine Augenweide
aus bestem Buchenholz.

Ich traf dich einst in Hagen,
im „Möbelparadies",
von wo ich dich, per Wagen
nach Waldeck holen ließ.

An meine enge Klause
hast du dich schnell gewöhnt,
du hast mir oft zu Hause
den Nachmittag verschönt.

Du teiltest meinen Kummer
und meine Fröhlichkeit,
bei dir fand ich im Schlummer
Trost und Geborgenheit.

So manche sternenklare,
verträumte Sommernacht
hab ich im Lauf der Jahre
in deinem Schoß verbracht.

Vor ungefähr sechs Wochen
passierte das Malheur:
dein Rahmen ist gebrochen,
selbst Nageln half nichts mehr.

Auf einer Abfallkippe,
weit draußen vor der Stadt,
vergammelt dein Gerippe,
das mich getragen hat.

Mir blieben nur zwei Beine
als letztes Souvenir,
ich sitze da und weine
und sehne mich nach Dir.

Du unbeschreiblich treues
Gestell der Seelenruh,
ich kaufe mir kein neues,
denn keines ist wie du.

Wie leer ist jetzt mein Zimmer,
mein Chambre séparée!
Ich liebe dich noch immer,
mein altes Kanapee —.

Antiquitäten

Ein alter Teller mit Rosenrand,
hinten mit Meißener Stempel,
hängt seit gestern an der Wand
von meinem Musentempel.

Ich hab ihn auf dem Flohmarkt gekauft
nebst einem Bilderrahmen,
die Familie hat die Haare gerauft,
als wir nach Hause kamen.

Der alte Teller freut mich mehr
als zwanzig neue Tassen,
ich bin hinter Antiquitäten her
und kann's nun mal nicht lassen.

Ach, könnte man wie Porzellan
sein schönes Dekor behalten!
Ich sehe den Meißener Teller an
und denke an meine Falten.

Geliebte Tasse

In meinem Schrank steht eine Tasse,
von der ich mich nicht trennen kann,
sobald ich sie am Henkel fasse,
hängt gleich mein ganzes Herz daran.

Sie wurde mir von Tante Guste
vor langer, langer Zeit vermacht,
sie hat, bevor sie sterben mußte,
im Testament an mich gedacht.

Die Tante ihrerseits bekam sie
von einem Bräutigam verehrt,
er liebte Guste, aber nahm sie
dann doch nicht, wie es sich gehört.

Der Kerl hat Ferdinand geheißen,
um den die Tante Kummer litt,
die Tasse brachte er aus Meißen
von seiner Urgroßmutter mit.

Die alte Dame hatte diese
sehr hübsche Tasse offenbar
geerbt, von einem Oberst Griese,
bei dem sie mal in Stellung war.

Der Oberst ist schon längst verschollen,
die Tasse hat nicht mal 'nen Sprung,
sie ist, wie Kenner wissen wollen,
fast hundertsiebzig Jahre jung.

Sie kannte viele, viele Leute,
und alle überlebte sie,
für mich persönlich ist sie heute
ein teures Stückchen Nostalgie.

Ich muß sie immer sorgsam pflegen,
das Alter steigert ihren Wert,
sie wird stets schöner! Mir dagegen
ergeht es leider umgekehrt.

Au verflixt

In der Ehe, nach der Trauung,
ändert sich die Weltanschauung,
denn der Mensch lernt unbewußt,
das fatale Wort: Du mußt!

Du mußt dieses, du mußt jenes,
Selbstverleugnung ist was Schönes,
früher hieß es ich und mein,
nunmehr heißt es Du und Dein.

Wahre Individualisten
ahnen, was sie sich erküßten,
doch sie merken es zu spät.
Au verflixt und zugenäht!

Launen

Ein Mensch von launischer Natur
ist heute nett und morgen stur,
mal ist er patzig, mal vergnügt,
und keiner weiß, woran das liegt.

Sein Barometer fällt und steigt,
bald ist er zu-, bald abgeneigt,
und ziemlich ratlos fragt man sich:
Weswegen muckt der eigentlich?

Wahrscheinlich ist's der alte Hut,
der Ärmste ist sich selbst nicht gut,
kein Wunder, daß er öfters prutzt
und jeden als Ventil benutzt.

Doch ewig willige Ventile
sind leider rar, es gibt nicht viele,
die meisten sind nach kurzer Zeit
das wechselnde Theater leid.

Wer launen will, der laune dann
die eigenen vier Wände an,
dort hat er Platz, und obendrein
soll das auch viel gesünder sein.

Keine großen Sprünge

Man hört mitunter Komplimente,
in die man sich verlieben könnte,
so sagte jüngst ein Herr zu mir,
ich sei ein schönes Trampeltier.

Wie wahr! Ich trage meine Lasten,
bin stur, verstehe mich auf's Fasten
und produziere laufend Mist,
der nützlich zu verheizen ist.

Wenn mich der Herr, der wirklich nette,
als Känguruh bezeichnet hätte,
dann hätte er, der Sprünge wegen,
mit dem Vergleich ganz schief gelegen.

Verhinderte Reisende

Draußen auf den Wäscheschnüren
wehen bunte Bettbezüge,
wenn der Wind sie packt, vollführen
sie riskante Höhenflüge.

Statt das Inlett zu bedecken,
oder sich im Schrank zu flegeln,
möchten sie gern weite Strecken
bis in's ferne Frankreich segeln.

Doch die Klammern hindern kläglich
sie an großen Auslandsreisen,
festgehalten ist's nur möglich,
immer um sich selbst zu kreisen.

Traurig winken sie und leiden
um entgangene Vergnügen.
So ergeht es oftmals beiden,
Menschen und auch Bettbezügen.

Zu spät

Ein Mensch, der seine Ruhe schätzt,
doch keine finden kann,
ist oft verbittert und vergrätzt
und ziemlich übel dran.

Und wenn er endlich Ruhe kriegt,
so ist es auch verkehrt,
weil er bereits im Grabe liegt
und nichts davon erfährt.

Ach Gott, wie ist auf dieser Welt
doch alles so verdreht,
denn das, was einem gut gefällt,
kommt meistens viel zu spät.

Jawollja!

Der Optimist rief wohlgemut:
„Ich glaube, jetzt wird alles gut!
Was soll uns heute noch passieren?
Wir können Waffen produzieren,
die so entsetzlich sind, daß man
sie gar nicht mehr verwenden kann.
Man braucht sie, wie man uns verspricht,
nur für das Schreckensgleichgewicht,
die Angst ist das Kolumbus-Ei,
die macht uns völlig sorgenfrei,
kurzum, nun kommt die schöne Zeit
der hochbrisanten Sicherheit.
Oh, welch ein Glück ist uns beschieden,
die Menschheit findet endlich Frieden!"

„Jawollja," sprach der Pessimist,
„sobald die Welt im Eimer ist!"

Unverbesserlich

Es stand in Rom
ein Astronom
hoch oben auf dem Petersdom
und schrie in alle Winde:
„Oh, Leute, habt ihr's schon gehört?
Am Montag wird die Welt zerstört,
weil ein Komet herniederfährt!
Tut Buße für die Sünde!"

Das Volk derweil
sucht Trost und Heil
nicht im Gebet, im Gegenteil,
es greift zum Alkohole,
der Mensch ist unverbesserlich,
und wenn du meinst, er ändre sich,
mein lieber Freund, dann irrst du dich
gewaltig! Sehr zum Wohle!

Der Horizont

Der Horizont ist allgemein
von Mensch zu Mensch verschieden,
mal ist er groß, mal ist er klein,
er kann auch schief geraten sein,
doch jeder ist zufrieden.

Dein Horizont, mein lieber Schatz,
war eng, doch häuslich-friedlich,
darinnen fand der Dorfklatsch Platz,
der Butterpreis, dein Zahnersatz,
kurzum, es war gemütlich.

Seitdem du fort bist, hab ich Grund
mich selber zu beweinen,
mein Horizont ist weit und bunt,
doch niemand spricht von Nachbars Hund
und Tante Emma's Beinen. –

Eigensinn schadet

Der Mensch will oft aus Unverstand
mit seinem Schädel durch die Wand,
wobei er leider ganz vergißt,
daß dies ein grober Fehler ist.

Denn Wände pflegen allgemein
sehr haltbar und stabil zu sein,
der Kopf ist weniger massiv,
drum läuft die Sache meistens schief.

Schon mancher, der sich übernahm
und so zu einer Beule kam,
ist heute klüger und umgeht
die Wand, die ihm im Wege steht.

Mein Patenonkel Waldemar,
der immer eigensinnig war,
hat Dellen, fragen Sie nicht, wie!!
Der Dussel lernt es eben nie.

Löbliche Ausnahme

Kritik macht Spaß, besonders dann,
wenn man sie selber üben kann,
der Mensch befleißigt sich mit Freuden,
den andern etwas anzukreiden.

Gesprächsstoff findet sich in Mengen,
man braucht sich gar nicht anzustrengen,
denn heutzutage geht es her,
als ob man in Gomorrha wär.

Nun ja, man weiß, wie schlecht die Welt ist,
und wie's um die Moral bestellt ist,
nichts auf dem Globus ist vollkommen,
– Man selbst, natürlich, ausgenommen.

Höflichkeit

Wer klug ist, sagt aus gutem Grund
nicht alles, was er denkt,
denn hielte man nicht oft den Mund,
wär mancher sehr gekränkt.

Was hinter unsrer Stirn geschieht,
bleibt größtenteils tabu,
das schont das christliche Gemüt
und stärkt die Seelenruh.

Mit Höflichkeit um jeden Preis
ist man am besten dran,
und was man sonst noch denkt und weiß,
geht keinen etwas an.

Kümmel reiben

Man soll stets nett und freundlich sein,
so will's die Etikette,
der Anstand fordert allgemein
daß sich der Mensch, tagaus, tagein
hübsch zu betragen hätte.

Doch leider Gottes fällt es schwer,
Manieren zu bewahren,
Auf Erden geht es ruppig her,
statt „danke schön" und „bitte sehr"
liegt man sich in der Haaren.

Selbst meine Freundin Jutta sagt,
die Welt sei voller Lümmel,
und wenn ihr Walter ungefragt
sie sanft zu korrigieren wagt,
dann reibt sie ihm den Kümmel.

Taschenlose Reise

Ein Mensch, auf's liebe Geld versessen,
kennt keine anderen Interessen,
als immer nach Gewinn zu streben
und keinesfalls was auszugeben.

Verdient er gut, so will er mehr,
drum knausert, rafft und schuftet er
im Schweiße seines Angesichts
und gönnt sich möglichst selber nichts.

Er wird, zur Freude seiner Erben,
vermögend, wenn auch ungern sterben,
sogar vor seiner Abschiedsreise
beklagt er noch die hohen Preise.

Ihn, der ein Leben lang gespart,
wird dann, beim Antritt jener Fahrt,
die Reisekleidung überraschen.
Das letzte Hemd hat keine Taschen.

Verwechslung

Ein Organist mit forschem Tritt
spielt auf der Orgel Hindemith.

Ein altes Muttchen geht vorbei
und fragt, was für ein Lärm dies sei.

„Das ist," erklärte ihr der Küster
„ein orgelspielender Magister."

„Ach," sagte sie, „ich dachte schon
es sei ein altes Grammophon,
die machen, nur das ich's erwähne,
genau so sonderbare Töne."

Musik, Musik

Herr Meier, unten, spielt Klavier
mit viel avec und viel plaisir,
Herr Müller, oben, liebt die Ruh
und hört ihm gar nicht gerne zu.
Herr Meier spielt die schönsten Weisen,
Herr Müller möchte stracks verreisen,
Herr Meier schwelgt in Hochgefühlen,
Herr Müller klopft mit Schrubberstielen.
Da griff das Schicksal in die Tasten
und mordete den Klimperkasten,
bei einem Feuer, das entstand,
ist Meier samt Klavier verbrannt.
Herr Müller zog dann nach Neuwied,
wo er nach kurzer Zeit verschied.
Nun sitzen beide hoch da oben
auf Wolken, um den Herrn zu loben,
Herr Meier läßt die Harfe klingen,
Herr Müller muß Choräle singen!

Solo und Terzett

Herr Lustig pflegt mit viel Gefühl
sein heißgeliebtes Geigenspiel,
allabendlich um halber sieben
beginnt er, intensiv zu üben.

Die Nachbarn wären herzlich froh,
Herr Lustig lebte anderswo,
ein jeder, der den Künstler kennt,
verwünscht das geigende Talent.

Herr Lustig fiedelt frisch und munter
Beethoven rauf und Mozart runter,
meist wird erst kurz vor Mitternacht
mit einem Schnörkel Schluß gemacht.

Dann haben Welt und Geige Ruh,
Herr Lustig schließt die Augen zu,
die Muse küßt ihn sanft im Traum,
der Virtuose merkt es kaum.

Drei Katzen, oben auf dem Dach
sind morgens gegen vier noch wach,
durch Geigenklänge animiert,
wird das Konzert dort fortgeführt.

Liebliche Musik

Ein Pups, der nicht nach hinten weht
und in die falsche Richtung geht,
verursacht peinlichste Beschwerden
und kann zur echten Plage werden.

Zunächst versucht der Mensch, mit Drücken
den Übeltäter wegzuschicken,
doch manchmal will der Bösewicht
durchaus nicht raus ans Tageslicht.

Nun wird der Leib, ganz nach Belieben,
mit einem heißen Tuch gerieben,
es nützt indessen auch nicht sehr,
der Pups sitzt unbeweglich quer.

Der Mensch, in seinem Herzensweh
erinnert sich an Kümmeltee,
denn jeder weiß, daß dies Gebräu
in solchen Fällen hilfreich sei.

Schon bald nach diesem Teegenuß
ertönt ein Knall, gleich einem Schuß,
gefolgt von pfeifendem Gequiek –
gottlob, welch liebliche Musik!

Spätes Glück

Ein blauer Seesack, weit gereist,
gefüllt mit Raritäten,
erfuhr im Alter, was es heißt,
in Ruhestand zu treten.

Er, der den ganzen Erdball sah,
stand plötzlich unbenutzt
bei einer Ziehharmonika,
vergessen, staubbeschmutzt.

Da hat er von New York erzählt,
von Honkong und von Roma,
sie hat das andre Teil erwählt
und spielte La Paloma.

Er sprach von Schiffen, Meer und Wind,
sie schwärmte in Akkorden,
und siehe da, die beiden sind
ein glücklich Paar geworden.

Himmlische Argumente

Hulda, Minna und Amanda
sitzen oft auf der Veranda,
und sie reden oft und viel
von Herrn Alfons Klingebiel.

Schade, daß er jüngst verblich!
Alle Damen fragen sich,
ob der alte Kavallerist
„oben" oder „unten" ist.

Jede weiß ihn hoch zu loben,
man entscheidet sich für „oben",
„Ach, er war ein feiner Mann!"
fängt Amanda schwärmend an.

„Noch ein echter Kavalier!"
auch die Minna stimmt dafür,
„Ja", sagt Hulda bester Laune,
„und er bläst doch auch Posaune . . !"

Frühlingslied '82
(zur Laute zu singen)

Kuckkuck, Kuckuck,
ruft es vom Schrank, (plim, plim)
alles geht flöten,
hab keine Kröten,
hier nichts, da nichts,
nichts auf der Bank. (plemm)

Kuckuck, Kuckuck,
klebt auf dem Bild, (plemm, plemm)
und ein diverser
klebt unterm Perser,
einer ziert mein Nummernschild. (plömm)

Kuckuck, Kuckuck,
hängt am Klavier, (plömm, plömm)
selbst die Vitrine
samt der Terrine
pfändet der Gerichtsvollzieh'r. (plamm)

Kuckucks, Kuckucks,
rings um mich her, (plomm, plomm)
alles hat einen,
nur ich hab keinen,
oh Finanzamt, welch ein Malheur! (plumm)

Freie Fahrt

In Korbach auf der Bahnstation
erscheint Frau Plett mit ihrem Sohn
und möchte für den strammen Knaben
am Schalter eine Karte haben.

Der Bahnbeamte Hubert Russ
betrachtet stumm den Filius
und überreicht der Mutter Plett
dann ein Erwachsenenbillett.

Frau Plett beschwert sich: „Aber nein,
das dürfte wohl ein Irrtum sein,
mein Eduard ist noch sehr jung,
er kriegt gewiß Ermäßigung!"

Der brave Bahnbeamte spricht:
„Madam, so geht es wirklich nicht,
ihr lieber Sohn ist fast ein Mann,
er hat ja lange Hosen an."

„Na," schimpft die Plett'sche mißvergnügt,
„wenn's an der Hosenlänge liegt,
bezahle ich, falls ich verreise,
in Zukunft nur die halben Preise!"

Dicht neben Pletts steht Oma Klausen,
sie will per Zug nach Mengeringhausen,
drum wird sie Zeuge der Debatte,
die sich recht laut entwickelt hatte.

Als sie vernimmt, daß die Gebühren
sich an der Hose orientieren,
macht sie am Schalter einen Knicks
und sagt: „Mich kostet's heute nix!"

Gabriel

Schwester Anna Lobewitz
führt das christliche Hospiz,
wo man müde Wandrer pflegt,
Pflaster auf die Fersen legt,
alle kleinen Wunden heilt,
Spritzen gibt und Tee verteilt.

Eines Tages nun geschieht es,
jeder, der dabei ist, sieht es,
daß sich ein Patient erhebt
und empor zu Decke schwebt.
Schwester Anna eilt herbei,
solch ein Fall ist wirklich neu!

Ratlos steht sie, bis ihr prompt
göttliche Erleuchtung kommt,
„In die Knie," so ruft sie, „schnell,
was dort fliegt, ist Gabriel,
nur ein Engel, der das kann,
stimmt ein Halleluja an!"

Doch die himmlische Erscheinung
ist da völlig andrer Meinung,
ängstlich schlägt sie mit den Armen,
stöhnend fleht sie: „Habt Erbarmen,
holt mich mit dem Besen runter!"
Schwester Annas Welt geht unter . . .

Nein, ein Engel war das nicht.
Später kam es an das Licht,
daß der Mensch gern Erbsen aß,
und daß das entstandne Gas
ihn mehr blähte als ihm lieb
und bis an die Decke trieb.

Schwester Anna ist seitdem
etwas christlich-unbequem,
läßt bei schwebenden Gestalten
allergrößte Vorsicht walten
und glaubt nicht mehr ganz so schnell
an den Engel Gabriel.

Das Taubengraue

Fräulein Hulda hat ein zartes
taubengraues Sonntagskleid,
das schon lange ihr bejahrtes
frommes Tantenherz erfreut.

Zwar sind Biesensaum und Kragen
abgewetzt und unmodern,
doch das hat nicht viel zu sagen,
Hulda trägt es trotzdem gern.

Ach, der heißgeliebte Fetzen,
ganz aus Kaschmir hergestellt,
wäre gar nicht zu ersetzen,
falls er auseinanderfällt.

Neulich sagte Nichte Cläre
mit pikiertem Seitenblick,
dieser graue Fummel wäre
wahrlich ein Museumsstück.

Hulda hat das sehr verdrossen,
na, und wer die Tante kennt,
weiß, sie ändert kurz entschlossen
wieder mal ihr Testament.

Wenn die Nichte, diese Pute,
derart häßlich von ihr spricht,
kriegt sie später auch das gute
teure Tafelsilber nicht!

Unerschrocken hält die Tante
an dem Taubengrauen fest,
bis sie einst das sogenannte
Dasein und die Welt verläßt.

Sicher hat im Paradiese
jeder ein paar Wünsche frei,
Hulda wünscht ein Kleid mit Biese,
taubengrau und nagelneu.

Kinder, wendet bei Verwandten
bloß nichts gegen Kaschmir ein,
manchmal können Erbetanten
überraschend giftig sein.

Laßt sie listig in dem Glauben,
daß ihr stets Bewundrung zollt,
dann sind Tanten sanft wie Tauben:
Ihr erbt alles, was ihr wollt.

Ein schöner Tag

Der Schustermeister Friedrich Stummel
begibt sich auf den Viehmarktsrummel,
um sich das festliche Geschehen
aus nächster Nähe anzusehen.

Vergnügt an seiner Seite schreitet
Auguste, die ihn stets begleitet,
sie freut sich auf die bunten Töpfe,
die Teller und Emaillenäpfe.

Der Königsberg ist rappelvoll,
man weiß nicht, wie man treten soll,
und schon geschieht, was kommen mußte,
der Friederich verliert Auguste.

Das tut ihm in der Seele weh,
denn Gustchen hat das Portemonnaie,
und ohne Geld, das weiß der Schuster,
ist seine Lage zappenduster.

Verzweifelt rennt er rauf und runter,
Auguste ging im Trubel unter,
die Kehle brennt, die Sonne sticht,
er findet die Vermißte nicht.

Im Bierzelt trifft er Nachbar's Heiner,
der gute Kerl erbarmt sich seiner,
von Friedrichs Klagen tief gerührt,
hat er ihm eine Wurst spendiert.

Der Tag verrinnt, es sucht noch immer
der Unglückswurm sein Frauenzimmer,
der Schuster greift zur Uhr, oh Schreck,
sie ist, wie Guste, gleichfalls weg.

Spätabends, in der Möbelschau,
entdeckt Herr Stummel seine Frau,
dort sitzt sie mit zwei Bratepfannen,
vier Schüsseln und drei Kaffeekannen.

Wie jubelten die Ehegatten,
als sie sich endlich wiederhatten,
in ihrer Wiedersehensfreude
betranken sie sich alle beide.

Der Heimweg wurde ihnen schwer,
der liebe Frieder schwankte sehr,
Auguste mußte rechts den Alten
und links die neuen Pötte halten.

Sie sangen laut die Loreley
und wurden richtig froh dabei,
Es war, trotz manchem Schicksalsschlag,
im ganzen doch ein schöner Tag.

Der Stammbaum

Herr Kreitlein ging, vor Jahren schon,
mit fünfundsechzig in Pension,
aus Langeweile sah er drum
sich bald nach einem Hobby um.

Hierbei geriet er irgendwie
an seine Ahnengalerie.
Das war was wirklich Interessantes,
was völlig Neues, Unbekanntes,
und er beschloß sogleich, deswegen
sich einen Stammbaum zuzulegen.

Er stöberte in Stadtarchiven,
in Chroniken, in alten Briefen,
nahm sich bei manchem Dorfpastor
die dicken Kirchenbücher vor,
und drang bei der Gelegenheit
weit, weit in die Vergangenheit.

Er fand: zwei Schneider, einen Wirt,
vier Bauern, einen Schweinehirt,
je einen Küster, Müller, Bäcker,
drei Schmiede, einen Schieferdecker,
dann einen fürstlichen Lakai,
ein Postillon war auch dabei,
ein Vorfahr war sogar Minister,
zwei andre lebten als Magister,
dann gab es ein paar Grenadiere,

zwei Musikanten, zwei Barbiere,
drei Metzger, und, im blinden Eifer,
fand er noch einen Scherenschleifer.

Es war ein Baum mit vielen Zweigen,
von Nebentrieben ganz zu schweigen,
Herr Kreitlein brauchte viel Papier,
viel Tinte und Geduld dafür.

Er kam bis fünfzehnhundertneun,
doch dann schien es vorbei zu sein,
denn hier versiegten alle Quellen,
es war kein Ahn mehr festzustellen.

Drauf stieg Herr Kreitlein in den Zug,
der ihn in's ferne Hamburg trug,
zu Dr. Dr. Dusterwald,
der als ein Fachexperte galt.
Er bat ihn in bewegten Worten,
des Stammbaums Wurzelpfahl zu orten,
beziehungsweise jenen Mann,
mit dem die Reihe einst begann.

Der Doktor lächelte jovial:
„Verehrter, nun, dann geh'n Sie mal
in unsern weltbekannten Zoo,
gleich vornean, Abteilung zwo!"
Herr Kreitlein fand dies sonderbar,
doch weil er schon in Hamburg war,

begab er sich am gleichen Tag
zu Hagenbeck. Ihn traf der Schlag!

Da saß in seiner Käfig-Villa
ein Affe, nämlich ein Gorilla,
er blickte traurig und verwundert
in unser zwanzigstes Jahrhundert,
fing Läuse und verschlang Bananen.

Herr Kreitlein forschte nie mehr Ahnen.

Briefwechsel

Den Blick empor, ging er spazieren,
der alte Herr Regierungsrat,
und also konnte es passieren,
daß er in etwas Weiches trat.

Voll Ekel, mit gesträubtem Barte,
schrieb er entrüstet an die Stadt,
daß dererlei Visitenkarte
im Kurpark nichts zu suchen hat!

Er bleche Steuern wie ein jeder,
sei auch ein guter Patriot,
was aber hing am Stiefelleder?
Ganz ordinärer Hundekot!

Man könne wohl für's Geld verlangen,
daß Ordnung auf den Straßen wär',
ihm sei der Appetit vergangen,
er zahle keinen Pfennig mehr.

Man möge diesen Schmutz entfernen,
sofort! Geschähe dieses nicht,
so würde man ihn kennenlernen,
dann träfe man sich vor Gericht!

Der Brief war grob, und manche Zeile
arg mit Injurien gespickt,
trotz Frau Regierungsrats Geheule
hat ihn ihr Gatte abgeschickt.

Die Antwort kam erst nach sechs Wochen,
als man beim Morgenkaffee saß,
der alte Herr begann zu kochen,
als er das kurze Schreiben las.

Denn die Behörde ließ ihn wissen,
er wäre brieflich schwer entgleist,
man werde ihn verklagen müssen.
Nun fragt sich, wer hier wem was – hustet.

Das Donnerwetter

Ein Wetter zog über's Kirchendach,
schwarz wie des Küsters Sünde,
ein Blitzstrahl fuhr mit Zisch und Krach
in die große Friedhofslinde.
Im Grab des seligen Försters Kraus
klappte der Eichendeckel,
des Försters Mumie trat heraus,
samt mumifiziertem Teckel.
„Herr", rief er bebend am ganzen Leib,
„ich möchte doch sehr bitten!
Hab ich von meinem bösen Weib
nicht Schläge genug erlitten?
Was mir die Alte angetan,
reicht für zwei Ewigkeiten,
fang Du da oben auch noch an,
mir Kummer zu bereiten!
Vergönne mir gefälligst Ruh
nach all den schlimmen Stunden – ."
Schwapp, schlug der Deckel wieder zu,
der Förster war verschwunden.
Die Blitze wurden dünn und schwach,
das Wetter floh von hinnen,
der Herrgott dachte lange nach
über giftige Försterinnen.
Seitdem ist nie mehr ein Donnerschlag
über den Friedhof gezogen,
der Blitz macht bis zum heutigen Tag
um Förster Kraus einen Bogen.

Zahnweh

Ein Mensch, geplagt von Ischias,
sprach ärgerlich: „Wie kommt denn das,
daß meine lausigen Beschwerden
mit jeder Woche größer werden?
Es piesackt mich der Nervenstrang
schon einen vollen Monat lang,
nein, irgendetwas muß geschehen,
so kann es nicht mehr weitergehen!"

Er rieb sich, angesichts der Pein,
mit einer teuren Salbe ein,
doch sie verfehlte ihren Zweck,
der Ischias blieb, das Geld war weg.

Drauf ist der Mensch zum Arzt gerannt,
der gab ihm mit geübter Hand
zwei ganz besonders starke Spritzen,
sie schienen aber nichts zu nützen.

Nun lief der Mensch zum Homöopathen,
der hat zur Mäßigkeit geraten,
verbot ihm Leberwurst und Schinken,
empfahl ihm, Kräutertee zu trinken
und möglichst abstinent zu leben,
dann würde sich das Übel geben.
Der Mensch trank literweise Tee
und trotzdem tat die Hüfte weh.

Er war schon der Verzweiflung nah,
als plötzlich folgendes geschah:
Sein Weisheitszahn begann zu bohren!

Das hinterhältige Rumoren
erfaßte schnell den ganzen Kiefer,
die Backe wurde immer schiefer,
kurzum, jetzt hat der Mensch erfahren,
was wirklich böse Schmerzen waren.

Tagsüber konnte er mit Pillen
die ersten Qualen halbwegs stillen,
am Abend sprang er mit Gewimmer
in seinem Haus durch alle Zimmer,
nachts tobte er auf der Matratze,
im Glauben, daß der Schädel platze,
bis, als der Morgen schließlich graute,
ein Nachbar in die Wohnung schaute
und ihn sofort zum Zahnarzt brachte,
der dem Malheur ein Ende machte.

Das unerfreuliche Erlebnis
zeigt ein erstaunliches Ergebnis:
Der Mensch nimmt sich die Ischiasschmerzen
jetzt sehr viel weniger zu Herzen,
statt dessen sagt er mehrmals täglich,
das Leiden sei an sich erträglich,
es gäbe schlimmere Probleme,
bei denen man ins Schwitzen käme.

Als sich ein andrer jüngst beklagte,
weil ihm sein Rheuma nicht behagte,
sprach er zu ihm: „Mein lieber Freund,
nimm's hin, wenn es auch lästig scheint,
und wenn's dir auch durchaus nicht paßt!
Sei froh, daß du kein Zahnweh hast!"

Labumm

Das alte Fräulein Berta Rank
sitzt sonntags auf der Kirchenbank
und schläft mit plattgedrücktem Kinn
gemütlich schnarchend vor sich hin.

Herr Pfarrer Baum, der dieses hört,
fühlt sich im Predigttext gestört,
er schaut das Fräulein strafend an
und räuspert sich, so laut er kann.

Als Berta jäh zusammenschrickt,
und ratlos in die Runde blickt,
fährt der Pastor in Gottes Wort
mit sanfterer Betonung fort.

Die Freude währt nur kurze Zeit,
denn, übermannt von Müdigkeit
nickt Fräulein Berta wieder ein
und läßt die Predigt Predigt sein.

Dem Pfarrer gibt es einen Stich,
ihm ist das Ganze ärgerlich,
drum schlägt er mit geballter Hand
recht kräftig auf den Kanzelrand.

Durch diesen unverhofften Krach
wird Fräulein Berta wieder wach,
knapp drei Minuten bleibt sie munter,
dann sinkt ihr Kopf erneut herunter.

Die Gläubigen auf ihren Plätzen
vernehmen alle mit Entsetzen
den unverschämten Schnurkelton
der rücksichtslosen Weibsperson.

Herr Pfarrer Baum hat's wirklich schwer,
den niemand interessiert sich mehr
für das, was er zu sagen hat,
die Berta setzt ihn schnarchend matt.

Er muß sich arg zusammenreißen,
um seinen Unmut zu verbeißen,
im wenig andachtsvollen Rahmen
kommt er nur mühsam bis zum „Amen".

Der Organist tritt ins Pedal
und spielt den schönen Schlußchoral,
selbst Berta, aufgeweckt vom Schlummer,
sucht eifrig die Gesangbuchnummer.

Gleich nach dem Segen eilt Herr Baum
mit langen Schritten durch den Raum,
um denen, die nach Hause streben,
am Turmportal die Hand zu geben.

Er drückt auch Bertas Hand und spricht:
„Verehrteste, ich glaube nicht,
daß es dem lieben Gott gefällt,
wenn jemand hier Siesta hält!"

„Ach," klagt die Berta aufgeregt,
„ich habe gestern Holz gesägt,
da war ich heute zu labumm
für's liebe Evangelium."

„Wie?" fragt Herr Baum, „Sie waren was?"
und Berta übersetzt ihm das:
„Labumm heißt: körperlich erledigt,
darum verschlief ich Ihre Predigt."

„Soso," meint der Pastor versöhnlich,
„der Ausdruck scheint mir ungewöhnlich –
labumm sind Sie? Dann wäre freilich
der dumme Zwischenfall verzeihlich."

Und weil er ja als guter Christ
geradezu verpflichtet ist,
die Schwächen andrer zu verstehen,
läßt er das Fräulein lächelnd gehen . . .

Am Abend, nach der Tagesschau,
sagt Pfarrer Baum zu seiner Frau:
„Johanna, nimm es mir nicht krumm,
ich muß ins Bett, ich bin labumm!"

Der Reißverschluß

Im Kino saß mit vollem Magen
der gute Onkel Valentin,
er spürte leichtes Unbehagen,
der Gänsebraten drückte ihn.

Im Dunkeln öffnete er leise
den kurzen Hosenreißverschluß,
da man auf irgendeine Weise
sich schließlich Luft verschaffen muß.

Erleichtert lehnte er sich sachte
in seinen Polsterstuhl zurück,
als er an gar nichts Böses dachte,
geschah ein arges Mißgeschick.

Die Dame neben ihm erklärte,
sie müsse raus, weil's dringend wär',
der Onkel, als er dieses hörte,
stand auf und sagte: „Bitte sehr!"

Der Durchgang schien ein wenig enge,
Madam war breit und brauchte Platz,
der Onkel dachte im Gedränge
erschrocken an den off'nen Latz.

Schnell schloß er seine Hosentüre,
wobei ihm aber ganz entging,
daß sich Madam mit der Bordüre
des Kleides im Verschluß verfing.

Schwupp – hing sie fest! Der Onkel zerrte
vergeblich am Verschluß herum,
weil man die Sicht nach vorn versperrte,
empörte sich das Publikum.

Die Dame bat in höchsten Nöten:
„Mein Herr, so lassen Sie doch los"
Der Onkel flüsterte betreten:
„Ja, gerne, aber wie denn bloß?"

Von hinten kam erbostes Pfeifen,
drum gab's nur eine Möglichkeit,
man mußte rasch die Flucht ergreifen,
doch eng umschlungen und zu zweit.

Es war ein schweres Unterfangen,
quer durch das Kino, Bauch an Bauch,
zur nächsten Türe zu gelangen,
und peinlich war's natürlich auch.

Wie beide auseinanderkamen,
bleibt ungeklärt, doch dies steht fest:
der Onkel mußte mit auf „Damen",
das gab ihm dann den letzten Rest.

Seit Wochen sitzt er nun zu Hause,
er möchte keinen Menschen seh'n,
sein Schneidermeister, Wilhelm Krause,
muß Knöpfe an die Hosen näh'n.

Und die Moral von der Geschichte:
Im Kino läßt ein Kavalier
auf jeden Fall die Luken dichte,
besonders seine Hosentür!

Reines Hemde

Meine Tante Kunigunde
wollte neulich nach Berlin,
sie beschloß, aus diesem Grunde,
frische Wäsche anzuziehn.

Trotz der Angst, sich zu erkälten,
nahm sie auch ein heißes Bad,
was sie sonst nur äußerst selten
und mit größter Vorsicht tat.

Unter vielem Abschiedswinken
stieg die Tante in die Bahn,
wohlversorgt mit Wurst und Schinken,
Butterbrot und Baldrian.

Anfangs war die Fahrt ergötzlich,
aber recht ereignislos,
doch in Braunschweig gab es plötzlich
einen Zugzusammenstoß.

Bremsen kreischten, Blech zerfetzte,
krachend fiel ein Wagen um,
Tante kam, als Leichtverletzte
in ein nahes Klinikum.

Mußte sieben Tage liegen,
eh' man sie nach Haus entließ,
nun erzählt sie mit Vergnügen
jedermann im Dörfchen dies:

„Ach, wie gut, daß in der Fremde
ich mich nicht zu schämen brauch,
denn ich trug ein reines Hemde,
und gewaschen war ich auch!"

Abendverstimmung

Die Tante sprach beim Abendbrot:
„Ich glaube, Niggebein ist tot!
Ein Sonderling! Wenn ich nur wüßt',
woran der Kerl gestorben ist!"

Der Onkel hatte seinen Spaß:
„Dem alten Geizhals gönn' ich das,
der ist bestimmt bankrott gegangen,
und hat sich selber aufgehangen!"

Die Nichte meinte: „Ach, i wo,
der soff doch so, der soff doch so!
Er wird es übertrieben haben,
kein Unglück, wenn sie ihn begraben!"

Und während sie bei Tische saßen,
und ihre Pellkartoffeln aßen,
vernahm man draußen Männerschritte,
es klopfte, Tante sagte: „Bitte?!"

Die Tür ging auf, wer kam herein?
Der totgeglaubte Niggebein!
Er wirkte nüchtern und verständig,
und schien auch sonst noch sehr lebendig.

„Verzeihung", rief er, „daß ich störe,
ihr habt Probleme, wie ich höre?
Ich kann euch zwanzigtausend borgen,
wenn's nötig ist, gleich übermorgen!"

Die Nichte sah die Tante an,
die Tante ihren Ehemann,
und alle waren eingeschnappt,
denn keiner hatte recht gehabt!

Fromme Ermahnung

Minks Marie und Backes Grete
liegen permanent im Streit,
ihr gehässiges Gekrete
währt schon eine Ewigkeit.

Längst weiß keine mehr zu sagen,
wegen was der Streit begann,
aber statt sich zu vertragen,
ekeln sie sich ständig an.

Ihr Benehmen ist abscheulich,
ungezogen und gemein,
kurz, es ist recht unerfreulich
und ein Blödsinn obendrein.

Dieser Hader hat die Freunde
und Verwandten sehr empört,
auch die christliche Gemeinde
hat nicht gern davon gehört.

Der verehrte Pfarrer Köhnen
war jahrzehntelang bemüht,
die zwei Weiber zu versöhnen,
doch es blieb das alte Lied.

Nein, da ist nichts mehr zu machen!
Köhnen fragt sich sorgenvoll,
ob der Kampf der beiden Drachen
nie ein Ende finden soll.

Küster Seute meint hingegen:
„Keine Bange, Herr Pastor,
der Spektakel wird sich legen,
so was kam schon öfters vor.

Lange kann das nicht mehr dauern,
bald sind beide grau und lahm,
hinter unsern Friedhofsmauern
werden selbst die Schlimmsten zahm.

Eines Tages fällt die eine
oder andre Hexe um,
und es wäre, wie ich meine,
absolut nicht schade drum!"

Sicher sprechen viele Leute
still ein kleines Dankgebet,
wenn die Theorie von Seute
praktisch in Erfüllung geht.

Meine sehr geschätzten Damen!
Denkt an Grete und Marie,
seid vernünftig, bleibt im Rahmen,
übertreibt es nicht wie sie.

Nur zu wahr sind jene Worte,
die der Küster Seute sprach:
Damen der krakeelschen Sorte
weint man keine Träne nach.

Zank bringt Unheil und Verderben,
nutzlos ist ein jeder Zwist!
Wollt ihr als Xantippen sterben,
wenn es gar nicht nötig ist?

Sicher ist sicher

Es gab einmal zwei alte Damen,
von denen man noch heute spricht,
sie lebten in bescheid'nem Rahmen
und waren unverehelicht.

Als Schwestern haben sie gemeinsam
gar manche gute Tat vollbracht,
das hat ihr Dasein, welches einsam,
ein wenig fröhlicher gemacht.

Die eine Jungfer hieß Auguste,
die andere hieß Adelheid,
fast jedermann im Städtchen wußte
von ihrer frommen Tätigkeit.

Ihr Mitleid, ihre Herzensgüte
war allen Bettlern wohlbekannt,
sie drückten jedem eine Tüte
mit milden Gaben in die Hand.

Ein Tippelbruder, namens Rose,
der zu den Jungfern fechten ging,
bat flehendlich um eine Hose,
weil seine arg in Fetzen hing.

Auguste seufzte: „Ach, mein Bester,
es tut mir leid, da wird nichts draus,
denn ich bin ledig wie die Schwester,
wir haben keinen Mann im Haus."

Der Penner zog betrübt von hinnen,
als Adelheid dazwischenfuhr:
„Auguste, bist du noch bei Sinnen?
Ich bitte dich, wie kannst du nur!

Jetzt weiß der Kerl, daß wir allein sind!
Wenn der uns nachts nun überfällt,
wo Menschen oftmals so gemein sind?
Oh Gott, was hast du angestellt!"

Auguste war ganz blaß geworden,
es überlief sie heiß und kalt,
man las tatsächlich viel von Morden,
von Raub und ähnlicher Gewalt.

Vielleicht sah Adelheid Gespenster –
doch wenn sie nun die Wahrheit sprach?
Auguste stürzte rasch ans Fenster
und rief dem Tippelbruder nach:

„Mein Herr, was ich noch sagen wollte,
wir schließen abends fest die Tür
und, falls Sie's interessieren sollte,
des nachts sind immer Männer hier!"

Meine Wurst, deine Wurst

Als neulich meine Tante Guste
in Kassel was besorgen mußte,
beschloß sie, zu kulanten Preisen
im Kaufhausrestaurant zu speisen.

Die Kellnerin mit weißer Schluppe
servierte eine Gulaschsuppe
und eine zarte Wurst vom Grill,
wie es die Tante haben will.

Auguste muß, aus guten Gründen,
für's erste aber mal verschwinden,
sie fragt nach der bewußten Tür,
ein Angestellter zeigt sie ihr.

Zurückgekehrt vom stillen Ort,
erlebt sie einen bösen Tort:
Ein Schwarzer sitzt vor dem Gedeck
und löffelt ihr die Suppe weg!

Auguste schnappt empört nach Luft,
sie rückt dem unverschämten Schuft
entschlossen auf die dunkle Pelle,
damit sie ihn zur Rede stelle.

Nun will der Kerl, statt auszureißen,
sogar in ihre Grillwurst beißen!
Die Tante setzt sich neben ihn,
um ihm den Teller wegzuzieh'n.

Der Lümmel tut, als wüßte er
noch immer nicht, was Sache wär,
drum deutet Guste ärgerlich
erst auf das Würstchen, dann auf sich.

Da nimmt der unverschämte Esser
das scharfgezahnte Plastikmesser
und schneidet ohne große Eile
die Grillwurst in zwei gleiche Teile.

Er schiebt in aller Seelenruh
der Tante eine Hälfte zu,

gibt Senf darauf und tut gemütlich
sich an der andern Hälfte gütlich!

Noch kauend strebt er kurzerhand
hinüber zum Getränkestand,
kauft einen Traubensaft im Glase
und stellt ihn Guste vor die Nase.

Mit einem Achselzucken dreht
der Farbige sich um und geht,
bereits nach wenigen Sekunden
ist er gottweißwohin verschwunden.

Die Tante will zur Tasche greifen
und muß sich einen Schrei verkneifen,
der Fremde hat sie mitgenommen
und ist mit ihrem Geld entkommen!

Auguste jammert, schimpft und weint,
bis daß die Kellnerin erscheint,
der klagt sie laut ihr Herzeleid
bis in die kleinste Einzelheit.

Das Fräulein sagt: „Na, hören Sie,
das war doch gar nicht Ihr Menü,
was Sie bestellten, steht dort drüben!
Wo ist denn jetzt der Herr geblieben?

Die Tasche hätte er gestohlen?
Sie wollen wohl die Leut' verkohlen,
natürlich ist die Tasche da,
am Stuhl da hinten hängt sie ja!"

Auguste schwieg zutiefst verwirrt,
sie hatte sich im Tisch geirrt
und jenen Schwarzen unberechtigt
geschädigt und als Dieb verdächtigt.

Nach diesem peinlichen Malheur
will Tante Guste niemals mehr
in Kassel irgend was verzehren,
geschweige was von Grillwurst hören.

Der Knickerich

Bei Paula und bei Otto Pief
hängt neuerdings der Segen schief,
um einen Strohhut zu erlangen
ist Paula nämlich fremdgegangen.

Herr Pief wird „Knickerich" genannt,
er ist für seinen Geiz bekannt,
bei Paula war infolgedessen
das Wirtschaftsgeld stets knapp bemessen.

Das Modestübchen Schmidt & Co.
führt Hüte aus Malacka-Stroh,
als Paula einen haben wollte,
war Otto ärgerlich und grollte.

Die Angetraute sah sich drum
nach andern Möglichkeiten um,

hier kam, des dicken Kontos wegen,
der Nachbar Abel sehr gelegen.

Weil dem das Geld so locker saß,
geschah's, daß Paula sich vergaß,
und wirklich war der nette Abel
in jeder Hinsicht recht spendabel.

Von nun an ging es Paula gut,
sie kaufte den ersehnten Hut,
wofür dann allerdings ihr Gatte
nichts übrig, noch Verständnis hatte.

Als Otto dann auch noch vernahm,
wie Paula an die Kröten kam,
gab's in der Küche, welche enge,
ein eheliches Handgemenge.

Am schlimmsten litt das Mobiliar,
das nicht mehr zu gebrauchen war,
und auch dem Wiener Porzellan
hat dieser Krach nicht gutgetan.

Seitdem hängt nun im Hause Pief
der Segen ausgesprochen schief,
und wer ist schuld am Herzeleid?
Der Otto und die Knickrigkeit!

Der Geiz, das steht schon in der Bibel,
ist ein beklagenswertes Übel,
die Herren sollten das bedenken
und ihren Damen Hüte schenken.

Alkoholvernichtung

In der Kneipe ging's mal wieder
ziemlich feucht und fröhlich her,
laut erklangen Thekenlieder,
dauernd war das Fäßchen leer.

Morgens, gegen halber viere,
macht der Wirt den Laden dicht,
alle Zecher ziehen ihre
Straße, nur der Päule nicht.

Denn er kann nicht richtig laufen,
Paul ist voll wie tausend Mann,
schon bei Boltes Mistenhaufen
fangen die Probleme an.

Erstmal rennt er aus Versehen
gegen den Laternenmast,
die Laterne bleibt zwar stehen,
aber Paul hat seine Last.

Ohne Rücksicht auf Verluste
wird die Miste überquert,
was die Ehefrau Auguste
sicherlich zu Recht empört.

Hinter einem Erntewagen
gibt es wiederum Verdruß,
weil der strapazierte Magen
etwas von sich geben muß.

Immer längs den Gartenzäunen
sucht der Paul nach festem Halt,
er hat Pudding in den Beinen,
und die Glatze wird ihm kalt.

Ramponiert an Leib und Seele
findet er zuletzt nach Haus,
auf der heimatlichen Deele
zieht er sacht die Hose aus.

Um Madam nicht aufzuscheuchen,
legt er sich gleich hier zur Ruh,
und er deckt sich mit dem weichen,
alten Fußabtreter zu.

Traumlos pennt er ein paar Stunden
neben dem Garderobenschrank,
später fühlt er sich zerschunden
und auch sehr promillekrank.

Doch am nächsten Wochenende
ist er wieder veilchenblau,
wankt besäuselt durchs Gelände
und kriegt Krach mit seiner Frau.

Alkohol muß man vernichten,
er bedeutet den Ruin!
Keiner kann auf Paul verzichten,
denn der Paul vernichtet ihn!

Würde alles Bier auf Erden,
das er schon beseitigt hat,

in Waggons verladen werden,
wären selbst Experten platt.

Falls er einmal unfreiwillig
dieser Welt den Rücken kehrt,
wäre es wohl recht und billig,
wenn man ihn per Denkmal ehrt.

Kürzlich hat der Gastwirt einen
jungen Künstler engagiert,
der aus echten Marmorsteinen
Paules Standbild modelliert.

Trinkend und in schräger Haltung,
aber noch gefechtsbereit,
zeigt es Paul bei der Entfaltung
seiner liebsten Tätigkeit.

Angetüdelt wie im Leben
wird er aufs Podest gestellt,
mag der Himmel gütig geben,
daß er nie herunterfällt.

Fehldiagnose

Wie's der Kuckuck manchmal will:
Piefke stürzt die Treppe runter
und sein lautes Schmerzgebrüll
macht die ganze Sippe munter.

Unter größter Vorsicht wird
Piefke in sein Bett getragen,
Opa läuft zu Doktor Gürt,
um ihm gleich Bescheid zu sagen.

Welch ein Glück, der gute Mann
wollte grade Kaffee trinken,
wenig später rollt er an,
mit dem Koffer in der Linken.

Die Familie wartet stumm
draußen vor dem Krankenzimmer,
Fünf Minuten gehen rum,
Piefke lamentiert noch immer.

Endlich, endlich tut sich was,
Dr. Gürt tritt aus der Kammer
und befiehlt, ein bißchen blaß:
„Bringt mir bitte einen Hammer!"

Schnell holt man das Werkzeug her,
aber keinem ist zum Lachen,
lieber Gott, was will den der
mit dem armen Piefke machen?

Scharfes Klopfen tönt durch's Haus,
dann, nach einer kleinen Weile,
kommt der Doktor wieder raus
und verlangt nach einer Feile.

Wortlos wird sie ihm gereicht,
niemand wagt zu protestieren,
Tochter Ilse heult: „Vielleicht
muß er Papa operieren!"

Als der Arzt zu guter Letzt
einen Meißel nachbestellt,
ist Frau Piefke so entsetzt,
daß sie gleich in Ohnmacht fällt.

Das Gebrüll hat aufgehört,
alles sitzt auf heißen Kohlen,
Oma Jette fragt verstört:
„Soll ich jetzt den Pfarrer holen?"

Plötzlich öffnet sich die Tür,
Dr. Gürt steht auf der Schwelle,
„So," sagt er, „das hätten wir!
Leider ging's nicht auf die Schnelle,

denn mein Koffer war verklemmt,
scheinbar ist das Schloß beschädigt,
na, ich hab es aufgestemmt,
und nun ist der Fall erledigt!"

Piefke hat den Fuß verstaucht,
sonst ist praktisch nichts geschehen.

Ruft nur an, wenn ihr mich braucht,
also dann auf Wiedersehen!"

Fassungslose Fröhlichkeit!
Oskar Piefke bleibt am Leben!
„Oh" jauchzt Tante Adelheid,
„darauf muß ich einen heben!"

Ehe man sich's recht versieht,
ist die Tante stockbesoffen.
Wieder wird der Arzt bemüht!
Diesmal ist der Koffer offen.

Prima Aroma

Zu Edeltraud's Privatbesitz
gehört ein Kater namens Fritz,
der nichts von Stubenreinheit hält
und öfters aus der Rolle fällt.

Die Wohnung duftet penetrant
nach Kater Fritzen's Unverstand,
drum wird er auch, von Zeit zu Zeit,
von Edeltrauden durchgebläut.

Doch seit die Schwiegermutter kam
und schleunigst wieder Abschied nahm,
um den Gerüchen zu entgehn,
ist Fritz beliebt und gerngesehn.

Er kriegt, statt der verdienten Wichse,
das Beste aus der Thunfischbüchse
und gilt als kluges, braves Tier.
Nichts ist so schlimm, s'ist gut wofür!

Maikäferromanze

Sie trafen sich zum ersten Mal
als gelbe Engerlinge,
da waren sie sich schnurzegal
und dachten an andere Dinge.

Beim zweiten Male sah'n sie sich
als engverschnürte Puppe,
sie fanden einander fürchterlich
und blieben sich völlig schnuppe.

Beim dritten Mal, im Monat Mai,
erwachten ihre Gefühle,
sie summten was von Tanderadei
und waren gar nicht mehr kühle.

Er fand sie süß, sie fand ihn lieb,
eine Drossel bemerkte das Ganze,
und eben aus diesem Grunde blieb
es nur eine kurze Romanze. –

Der Untermieter

Das liebe Fräulein Hildegard
ist ganz in ihren Mops vernarrt,
der Mops wird dauernd abgeküßt,
obwohl ihm das zuwider ist.

Seit gestern ist es nun vorbei
mit der verhaßten Küsserei,
in Zukunft findet nichts mehr statt,
weil Hildegard 'nen Bandwurm hat.

Wie wird das arme Fräulein bloß
den Untermieter wieder los?
Der Mops sitzt vor der Küchentür
und denkt vergnügt: Das gönn' ich ihr!

Das Blaskonzert

Die Feuerwehrkapelle hat
ein Blaskonzert gegeben,
der Auftritt fand im Walde statt,
man spielte ohne Notenblatt
und spielte oft daneben.

Der Uhu fiel vom Schlummersitz,
ein Dachs starb fast vor Schrecken,
drei Rehe fegten wie der Blitz
durch's Unterholz, um sich, samt Kitz,
im Ginster zu verstecken.

Verdattert fuhr Frau Mümmelmann
aus ihrem warmen Bette,
der Buntspecht fing zu keifen an,
verzweifelt rannte ein Fasan,
daß er die Küken rette.

Der Fuchs, der aus dem Fuchsbau sah,
verschwand beim Badenweiler,
beim Klang von Preußen's Gloria
floh, einer Herzattacke nah,
sogar der alte Keiler.

Nach einer Stunde Tsching und Bumm
empfahl sich das Orchester,
das undankbare Publikum
saß schimpfend im Gebüsch herum,
nein, war das ein Geläster!

„Das finden nun die Menschen schön",
sprach ganz entnervt ein Hase,
„ich kann sie wirklich nicht verstehn,
sie sollen doch zum Kuckuck gehn,
samt Tuten und Geblase!"

Der Regenwurm

Ein klitzekleiner Regenwurm
bestieg den großen Eiffelturm,
es dauerte ein ganzes Jahr,
bis daß er endlich oben war.

Doch eben in der höchsten Höh'
befiel ihn Heim- und Erdenweh,
er ließ sich als gekrümmter Ballen
ganz einfach wieder runterfallen.

Seitdem sinniert er hin und her,
warum ein Aufstieg lang und schwer,
dagegen aber schnell und kurz
ein abwärts ausgeführter Sturz.

Hering und Scholle

Ein Hering fragte eine Scholle,
ob sie mit ihm verreisen wolle
in Richtung Grönland, durch die Meere,
weil es dort oben kühler wäre.

Die Scholle überlegte lange,
dann sprach sie nein, denn ihr sei bange,
sie bliebe lieber schön für sich
am heimatlichen Küstenstrich.

Der Vorsatz brachte ihr kein Glück,
sie ward zur Scholle in Aspik,
der Hering aber ist im Norden
zum Rollmops in Gelee geworden.

Sie trafen sich nach ihrer Wandlung
in einer Fisch- und Feinkosthandlung
und träumen nun im Dosenstand
noch immer von der Waterkant.

Meiers Peter

Meiers Dackel namens Peter
war ein wirkliches Genie,
niemals wieder traf ich später
solch ein kluges Hundevieh.

Peter konnte „bitte" machen,
Purzelbaum und „Toter Mann"
und noch andre tolle Sachen,
wie sie mancher Mensch nicht kann.

Sollte er jedoch parieren,
schien er völlig taub zu sein,
und Befehle auszuführen
fiel ihm überhaupt nicht ein.

Immer tat er, was er wollte,
denn er haßte jeden Zwang,
und als echter Dackel schmollte
er mitunter tagelang.

Zwar hat Peter sich im ganzen
bei den Meiers wohlgefühlt,
aber alle mußten tanzen,
wie er es für richtig hielt.

Schade, daß der Lauselümmel
überfahren worden ist.
Ob er jetzt im Hundehimmel
Meiers Kanapee vermißt?

Meiers hoffen, daß er oben
auch ein weiches Plätzchen kriegt,
wo er, bestens aufgehoben,
glücklich in der Sonne liegt.

Enge Passage

Ein Floh sprang durch ein Nadelöhr
hindurch, als ob dies gar nichts wär,
ein ausgewachsenes Kamel
besah dies Kunststück schief und scheel.

Warum, so fragte es, warum
kann dieses Individuum
vollbringen, was mir niemals glückt?
Der Zustand macht mich noch verrückt!

Ein Millionär am Himmelstor
kam sich genau so ratlos vor,
er muß, da ihm das Tor zu klein,
wohl ein Kamel gewesen sein.

Wie du mir . . .

Ein Stinktier und ein Wiedehopf
begannen sich zu streiten,
man warf sich Böses an den Kopf,
und zwar vor allen Leuten.

„Pfui", sprach der Wiedehopf zum Skunk,
„du solltest dich was schämen
und zur Geruchsverbesserung
mal Kölnisch Wasser nehmen!"

Der Skunk erwiderte verquer:
„Das ist ja wohl die Höhe,
du hast doch selber ein Odeur
wie eine Knoblauchzehe!"

Wenn jetzt der Hopf den Skunk erblickt,
will er vor Wut zerspringen,
und er zitiert, wenn er sich bückt,
den Götz von Berlichingen.

„Ostereier"

Nock's Gretchen hat ihr Osternest
im Holzstall aufgebaut,
weil sie, wie es sich denken läßt,
dem Wettergott mißtraut.

Ein Weidenkorb, gefüllt mit Moos,
steht in geschützter Ecke,
der weiche Platz ist tadellos
für Osterhasenzwecke.

Die Katze Minka inspiziert
das Nest auf ihre Weise,
sie zeigt sich äußerst interessiert
am runden Korbgehäuse.

Kaum daß der Ostermorgen graut,
springt Gretchen aus dem Bette,
gleich wird im Holzstall nachgeschaut,
was sich ereignet hätte.

Sofort erhebt sich ein Geschrei,
der Überraschung wegen,
im Korb befindet sich kein Ei,
jedoch ein andrer Segen.

Die Kleine wird ganz aufgeregt,
sie will vor Freude platzen,
der Hase, der sonst Eier legt,
bescherte ihr fünf Katzen!

Die Mutter, die die Hände ringt,
läßt seufzend Nachsicht walten,
denn was der Osterhase bringt,
darf jedes Kind behalten.

Für Minka ist das angenehm,
ihr Nachwuchs bleibt bei Gretchen,
sie sorgt für ihn, und außerdem
ist sie ein liebes Mädchen!

Geschmäcker

Ein Esel fraß, rein aus Verseh'n,
das Taschentuch von Fräulein Schön,
das sie im grünen Gras verlor.
Dem Esel kam es fade vor,
obwohl die Dame es benutzt
und mehrfach sich hineingeputzt.

Hingegen trägt ein Kavalier
ein ebensolches Tuch von ihr
als liebenswertes Requisit
zum Küssen in der Tasche mit.
Geschmäcker sind, wie man hier sieht,
zuweilen sehr von Unterschied.

Der Mops

Kannten Sie den Mops
vom Studienrat Klopps?
er biß, wenn er Dummheit roch,
jedoch
nur in die Wade.
Schade,
man hat ihn verkaufen müssen,
er hat in der Tat
Frau Studienrat
sämtliche Strümpfe zerrissen.

Der Maulwurf

Ein kleiner Maulwurf, ganz in Samt gehüllt,
verliebte sich in eine Maulwurfdame,
doch seine Träume blieben unerfüllt,
er kannte die Adresse nicht, noch Name.

Verzweifelt grub er in der Dunkelheit,
warf ungezählte sehnsuchtsvolle Hügel,
beklagte seine blinde Einsamkeit
und wünschte, seine Seele hätte Flügel.

Sein schönes Fell verlor an Glanz und Fülle,
er wurde zum zerzausten Sonderling,
der in der schrebergärtlichen Idylle
durch herzgeformte Maulwurfsröhren ging.

Wahltag

„Morgen ist Wahltag", spricht der Mäusepräsident
und zwirbelt seinen Kaiser-Wilhelm-Bart,
„ich hoffe, daß ihr eure Pflichten kennt
und alle wählt, nach guter Mäuseart.

Die sehr beliebte Wurst- und Speckpartei
stellt dreizehn äußerst kluge Kandidaten,
doch auch die andre Seite ist dabei
mit vierzehn schlauen Käsediplomaten.

Die Piepser sind das Zünglein an der Waage,
sie wissen ganz genau, wie man regiert,
nun geht, ihr Mäuse, tut wie ich euch sage,
damit der Speisekammer nichts passiert!"

Vorm Wahllokal sitzt Meiers schwarzer Kater,
der leckt sich schon erwartungsvoll das Maul,
wie sagte jüngst ein alter Mäusevater?
„Wo viel versprochen wird, ist vieles faul."

Sanfter Heinrich

Herr Veit sieht in den Efeuranken
vier Spatzen, die sich heftig zanken,
und die sich mit gespreizten Flügeln
um eine Spatzendame prügeln.

Madam sitzt auf dem Gartenzaun,
um sich das Drama anzuschau'n,
der Ausbruch männlicher Gewalt
läßt sie im Grunde völlig kalt.

Da kommt, im Lauf der Prügelei,
ein fünfter Kandidat herbei,
der zärtlich, aber recht geschickt,
der Spätzin auf die Pelle rückt.

Und während sich die andern hacken
und wütend in die Hälse zwacken,
entfleucht Madam vergnügt und heiter
mit dem galanten Außenseiter.

„Na bitte," sprach darauf Herr Veit,
„so ist die holde Weiblichkeit,
der sanfte Heinrich macht das Rennen,
ich hätte mir's ja denken können!"

Mein Kakadu

Wir haben einen Kakadu,
schön bunt und sehr bescheiden,
der arme Vogel kann partout
Politiker nicht leiden.

Am Tag ist er voll Freundlichkeit,
dann schaukelt, döst und frißt er,
doch abends, um die Fernsehzeit,
beschimpft er die Minister.

Ob liberal, ob links, ob rechts,
kaum läßt sich einer blicken,
tönt aus dem Käfig Wutgekrächz,
verbrämt mit Kraftausdrücken.

Versonnen höre ich ihm zu,
wenn ich mein Kleingeld zähle,
ich liebe meinen Kakadu,
er krächzt mir aus der Seele.

Ernas Ziegen

Frau Erna Schlühr besitzt zwei Ziegen,
die auf dem Viehmarkt Jahr für Jahr
bei der Prämiierung Preise kriegen,
pro Schwanz gibt's dreißig Mark in bar.

Ihr Stolz kennt einfach keine Grenzen,
wenn sie von ihren Ziegen spricht,
denn solche prima Referenzen
hat selbst der Bürgermeister nicht!

Auch diesmal ist sie fest entschlossen
mit Prämiengeldern heimzugehn,
tagtäglich putzt sie unverdrossen
die Ziegen, die im Stalle stehn.

Am Viehmarktsmorgen, früh um viere,
vollendet sie ihr Striegelwerk,
dann führt sie die geliebten Tiere
quer durch die Stadt, zum Königsberg.

Doch wie so mancher Viehzeughalter,
hat Erna leider nicht bedacht,
daß ein besonders hohes Alter
die Geißen unansehnlich macht.

Total perplex muß sie erleben,
daß es die Jury unterläßt,
den Ziegen einen Preis zu geben,
man stellt gewisse Mängel fest.

Das Gremium vertritt die Meinung,
sie seien beide schlecht in Form,
schon ihre äußere Erscheinung
entspreche nicht der Siegernorm.

Die unerwartete Blamage,
die Erna aus der Fassung bringt,
bewirkt, daß sie in ihrer Rage
zwei große Jägermeister trinkt.

Den Schnäpsen folgt auch noch ein dritter,
ein doppelter Mariacron,
und dann entlädt sich ein Gewitter
aufs Haupt der Prüfungskommission:

„Ich will euch Kerlen Mores lehren!
Was, meine Ziegen sind nichts wert?
Ihr solltet euch zum Kuckuck scheren,
wo ihr Halunken hingehört!

Das laß' ich mir von euch nicht bieten,
nie werde ich euch das verzeih'n!
Kanaillen seid ihr, lauter Nieten,
und sowas will hier Jury sein!!"

Mit Gift und Galle auf den Lippen
verläßt sie diesen Ort der Schmach,
die armen Ziegen an den Strippen
zerrt sie verbiestert hintennach.

Prompt trifft sie Otto, ihren Vetter,
der stichelt gleich, als er sie sieht:
„Na, war heut' kein Medaillenwetter?
Du hast dich wohl umsonst bemüht?"

Das ist zuviel! Die sonst so gute
Cousine Erna explodiert,
sie haut den Vetter an die Schnute,
so daß er sein Gebiß verliert.

„Menpf, Erna," ruft der Otto heiter,
„bift du denn ganpf und gar verrückt?"
Doch Erna treckt beleidigt weiter,
wobei sie böse um sich blickt.

Der Rückmarsch macht ihr kein Vergnügen,
zumal sie keinen Schnaps verträgt,
so kommt es, daß sie samt den Ziegen,
bedenklich krumme Haken schlägt.

Noch wochenlang wird sie krakeelen,
sie ist empört und tief gekränkt,
drum wird sie aller Welt erzählen,
was sie von dieser Jury denkt!

Dem Bürgermeister will sie schreiben:
Das ganze Viehmarkt könne ihr
im nächsten Jahr gestohlen bleiben!
Hochachtungsvoll
Frau Erna Schlühr

Es tropft!!

Es tropfte von der Zimmerdecke,
und immer an derselben Ecke,
da, wo ein Rohr nach oben führt
und wo es den Verputz berührt.

Im Stockwerk drüber liegt das Bad,
und jeder im Familienrat
sagt mit bekümmertem Gesicht:
„Mit dieser Leitung stimmt was nicht!"

Der Klempner, der das Rohr verlegte
und gerne viel zu schwatzen pflegte,
hat offensichtlich Mist gebaut,
man hat dem Kerl ja gleich mißtraut!

Doch komisch ist es irgendwie,
tagsüber tropft es nämlich nie,
es tröpfelt meistens in der Nacht,
weiß Gott, wie das die Leitung macht.

Der nasse Fleck wird ständig größer,
und die Familie wird nervöser,
man untersucht das Phänomen
und kann es einfach nicht verstehn.

Dann reißt der Mutter die Geduld,
sie glaubt, die Tochter wäre schuld,
die nie beim Duschen Rücksicht nimmt
und rumplanscht, bis die Bude schwimmt!

Die Tochter aber, die sich wehrt,
als sie von diesem Vorwurf hört,
schiebt schnell die Schuld in andre Richtung:
Am Rohr leckt irgendeine Dichtung!

Man dreht den Wasserhaupthahn zu
und hofft, nun wäre endlich Ruh,
doch es tropft weiter wie bisher,
nur nachts! Kein Mensch begreift das mehr. –

Spätabends muß die Frau Mama
nochmal in's Bad, was sieht sie da?
Wer hockt, auf sehr verdächt'gem Platze,
mit hochgerecktem Schwanz? Die Katze!

Die Katze, die Melissa heißt
und deren Klugheit jeder preist,
benutzt bei Nacht die warme Stelle
für flüssige Bedürfnisfälle!

Das läuft dann schön am Rohr entlang
und setzt den Deckentropf in Gang,
wodurch in unteren Gefilden
sich die bekannten Flecken bilden.

Jetzt, da man im Familienkreis
um des Mirakels Lösung weiß,
wird nachts die Katze ausgesperrt,
obwohl Melissa traurig plärrt.

Der feuchte Rand vom Sickerwasser
wird langsam trockener und blasser,

und wenn man's übertünchen tut,
ist aller Schaden wieder gut.

Sie denken wohl, was ich berichte
sei eine Phantasie-Geschichte?
Besuchen Sie uns nur, und dann
schau'n Sie sich mal die Decke an!

Die Hummel

Maria-Berta Leisegang
geht frohgemut die Straße lang.
Da kommt mit heftigem Gebrummel
von hinten eine dicke Hummel.

Maria hob die rechte Hand,
was wohl die Hummel mißverstand,
der eine traut dem andern nicht,
Maria schlägt, die Hummel sticht.

Maria ist nach diesem Stechen
auf Hummeln nicht mehr gut zu sprechen,
die Hummel aber schimpft noch immer
auf das verrückte Frauenzimmer.

Verspäteter Segen

Das nette Fräulein Kunigunde
führt, schon zu vorgerückter Stunde,
den Spitz hinunter auf die Gasse,
damit er nochmal Wasser lasse.

Der Spitz hält aber eisern dicht,
er schnuppert nur, nach Hundepflicht,
an jenen Grüßen, die die lieben
Kollegen an die Bäume schrieben.

Nach langem Hin- und Hergewander
gehn Spitz und Fräulein miteinander
nach Hause, um das Haar zu pflegen
und sich alsdann zu Bett zu legen.

Doch hier, im trauten Schlafgemach,
holt dieser Köter alles nach,
was er aus Bosheit unterdrückte,
als man ihn auf die Straße schickte.

Das Fräulein hat die halbe Nacht
mit Teppichsäubern zugebracht.
Wie mancher erst erwünschte Segen
kommt hinterher so ungelegen.

Immer mit der Ruhe

Gemütlich gleitet der Schneck,
nur keine Hast!
Er ist auf alles gefaßt:
Menschentritte, Dreck,
querliegendes Stroh
oder eine Steinbarriere.
Sein Herz ist froh,
vorgestern wäre
er beinahe unter ein Auto geraten,
doch er umreiste es raffiniert.
Schnecken sind wie Soldaten,
unaufhaltsam und unbeirrt
streben sie fernen Zielen zu,
allerdings ohne Befehle,
sie haben auch keine langschäftigen Schuh,
doch eine langmütige Seele.

Frische Eier

August Dreier, ein Berliner,
hält sich zwanzig Legehühner,
darum hat Herr Dreier,
täglich frische Eier.

Sieben schlägt ihm seine Hanne
für die Mahlzeit in die Pfanne,
immer nach der Leier:
täglich frische Eier.

Abends, falls sie Laune hat,
setzt sie dann ihr August matt
wie ein junger Freier!
Täglich frische Eier.

Geistige Betrachtung

Es hat der Homo sapiens
auf Erden keine Konkurrenz,
er ist allein vernunftbegabt
(da hat er aber Glück gehabt!)

Zwar ist der Affe auch nicht blöd,
kein Affe, der zur Arbeit geht,
er könnte vieles, aber nein,
er pocht darauf, beschränkt zu sein.

Die Dummheit laust, der Geist regiert,
wer weiß, wohin das alles führt,
die Menschheit stirbt am Größenwahn,
der Affe erbt die Eisenbahn.

Clothilde

Eine Henne namens Clothilde
war nicht so recht im Bilde
über das Eierlegen
und folgenden Kindersegen.

Sie hockte auf vollem Neste
und bemühte sich auf das beste,
vergeblich blieb alles Brüten,
sie saß auf lauter Nieten.

Verdattert ging sie von hinnen.
Zwei ältere Nachbarinnen
verrieten es ihr in der Stille:
der Hahn, der Filou, nimmt die Pille.

Gewußt, wie

Als Noah in die Arche ging,
erhob sich ein Gedränge,
für Elefanten war das Ding
zu niedrig und zu enge.

Und Noah fing bekümmert an,
den langen Bart zu raufen:
„Wenn ich sie nicht verladen kann,
so werden sie ersaufen."

„Nur ruhig", sagte Sem, sein Sohn,
„das braucht uns nicht zu jücken,
in der Kombüse stehen schon
zwei Säcke voller Mücken.

Wir haben gar kein Risiko,
dank unserer Verwandten,
die Menschheit macht doch sowieso
aus Mücken Elefanten!"

Weidmannsheil!

Zwei Eichhörnchen sitzen auf einer Buche,
sie sind auf der täglichen Nahrungssuche,
das eine mümmelt mit vollen Backen,
das andre versucht, eine Eichel zu knacken.

Unten geht ein Trupp Schützen vorbei,
da sagt das eine Hörnchen: „Oh wei,
der Herbst ist da, die Jagd beginnt,
ein Glück, daß wir beide Eichhörnchen sind!"

Die Sonntagsjäger verschwinden im Wald,
nach einer Weile wird heftig geknallt,
plötzlich hört man lautes Gebrülle,
dann verbreitet sich himmlische Stille.

Ein dicker Stadtdirektor aus Hagen
wird an der Buche vorbeigetragen,
das eine Eichhörnchen meint: „Na bitte,
genau ins Gesäß und schön in die Mitte!

Jedes Jahr dasselbe Theater,
letztes Mal wars ein Steuerberater,
erinnerst du dich an den Fabrikanten,
dem sie eins auf die Jacke brannten?"

Das andre Eichhörnchen kichert und lacht:
„Ich hab an den Ministerialrat gedacht,
wie der gewimmert hat und fluchte,
als man den Schrot aus der Wade suchte."

Die Jagd ist aus, im Wald herrscht Ruh,
die Eichhörnchen hüpfen den Tannen zu,
der Stadtdirektor pflegt derweil
sein ramponiertes Hinterteil.

Modewechsel

Ein Schnurrbart, der nicht recht begriff,
warum man ihn rasierte,
befragte einen Hosenkniff,
ob ihm dies auch passierte.

„Nein", sprach der Hosenkniff pikiert,
vom Schönheitssinn beflügelt,
„mich hat dergleichen nie geniert,
ich werde stets gebügelt!"

Dann trat ein Modewechsel ein,
das geht oft sehr geschwinde,
zerknittert ist das Hosenbein,
der Vollbart rauscht im Winde.

Bretter

Sie werden alle aus Holz gemacht,
die großen und auch die kleinen,
man verarbeitet sie zur Möbelpracht,
zu Dielen und Gartenzäunen.

Es gibt Bretter ganz verschiedener Art,
dicke, lange und breite,
am interessantesten und sehr hart
sind die vor den Köpfen der Leute.

Hinkender Vergleich

Ich habe ein Auto mit Plattfuß geseh'n,
das humpelte fürchterlich
von links nach schräg, es erinnerte mich
eindeutig an irgendwen.

Wie kann man nur so gehässig sein,
Auto und Mensch zu vergleichen!
Ich möchte den Pfad der Tugend erreichen
und trete auf jeden Stolperstein. –

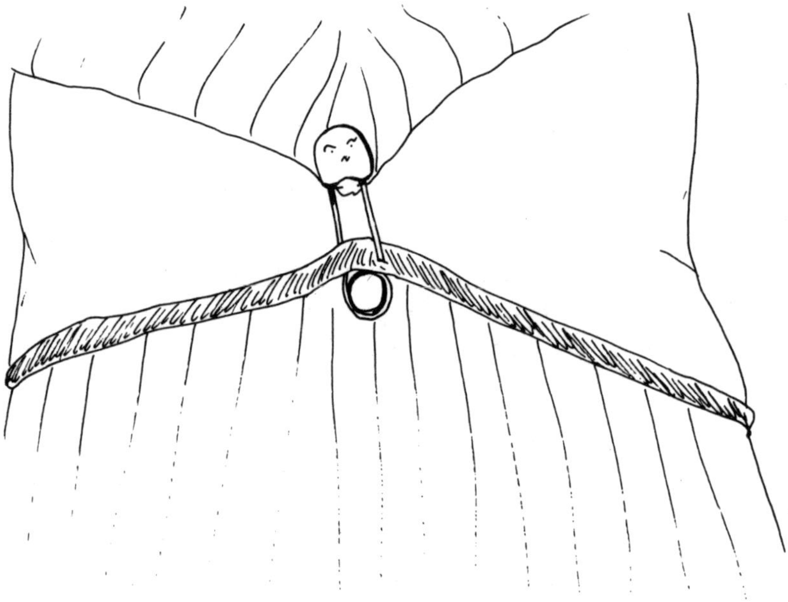

Das Reiseerlebnis

Eine Sicherheitsnadel ging auf die Walz,
sie wollte nach Frankreich fahren,
nach England wollte sie ebenfalls,
weil dort ihre Nichten waren.
Sie brauchte kein Visum und keinen Paß,
sie reiste mit einem Verwalter,
der keine Hosenträger besaß
als Unterhosenhalter.
Drei Wochen später kam sie retour,
empfindlich wie eine Mimose
und sprach den Rest ihres Lebens nur
noch geniert von der Unterhose.

Der Streit

Ein Boskop und ein Gravensteiner
stritten sich um die Ehre,
wer von ihnen beiden feiner
im Geschmacke wäre.

Ein faltiger Delicious
lag ärgerlich daneben,
ein Würmchen nagte mit Genuß
an seinem Innenleben.

Ich weiß nicht, wer den Streit begann,
gewonnen hat ihn keiner,
erst fraß der Wurm den Boskop an
und dann den Gravensteiner.

Stachlige Liebe

In der Wüste, der Sahara,
blüht ein Kaktus vor sich hin,
zärtlich äugelt er nach Clara,
seiner Kaktusnachbarin.

Gerne würde er sie küssen,
aber leider geht das nicht,
erstens, weil sie stillstehn müssen,
zweitens, weil die Clara sticht.

Auch ein Kaktus hat Probleme,
was die Liebe anbetrifft,
wäre ich ein Kaktus, nähme
ich aus Kummer Pflanzengift.

Komplimente

Neulich, als ich Dich getroffen,
sagtest Du mir laut und offen,
daß bei mir wohl zweifelsfrei
eine Schraube locker sei.

Meine Schrauben sitzen eben
ganz, wie sie mir mitgegeben,
doch sie sitzen immerhin
so, daß ich zufrieden bin.

Selbstverständlich wär es netter,
hätte ich, wie Du, zwei Bretter
vor dem Kopf. So schön wie die
klappern meine Schrauben nie!

Die richtige Masche

Ein jeder ständ', wer tät das nicht,
recht gerne mal im Rampenlicht,
denn es erfreut ganz ungemein,
dem Publikum bekannt zu sein.
Der Tugendhafte findet nie
die nötige Publicity,
mit guten Taten und dergleichen,
ist leider auch nichts zu erreichen,
jedoch ein saftiger Skandal
erfüllt den Wunschtraum allemal.
Wie sagte neulich ein Bekannter?
„Das Schlechte ist viel interessanter!"

Vanillje

Ein Mensch aß liebend gern Vanillje,
doch nie die teure, nur die bill'je,
er konnte nämlich, wie die meisten
Verbraucher, sich nichts Teures leisten.

Sein unbegreifliches Verlangen
galt billigen Vanilljestangen,
er aß sie praktisch Tag und Nacht,
das hat ihn richtig high gemacht.

Als ihm nach fünfundneunzig Jahren
die Augen zugefallen waren,
entdeckte man, Gott Lob und Dank,
sein Testament im Vorratsschrank.

Es war nicht schwer, den letzten Willen
des armen Menschen zu erfüllen,
ganz oben stand auf seiner Liste:
Legt mir Vanillje in die Kiste!

Haken und Ösen

Gestern ging mir alles völlig quer,
nichts ist mir so recht zu pass' gewesen,
dauernd gab es Kummer und Malheur,
kurz: ein Tag mit Haken und Ösen.

Erst hab ich das Schlüsselbund verloren,
dann hat mich mein Gatte angepfiffen,
nach dem Haarschnitt fror ich an die Ohren,
und beim Fleischer war das Steak vergriffen.

Der Besuch von einem Pop-Konzert
hat mir ebenfalls nichts eingebracht,
denn die haben auch nur rumgeplärrt
und die ganze Zeit Radau gemacht.

Abends war der Ärger dann komplett,
als die Katze mir die Mettwurst stahl.
Morgen bleibe ich in meinem Bett,
wer die Linsen kocht, ist mir egal!

Selbsterkenntnis

Morgens pflege ich zu sagen:
Also, heute wirst du dich
freundlich, nett und ordentlich
gegen jedermann betragen!

Abends fühle ich mich mies,
denn ich muß mich wieder schämen,
weil mein schnoddriges Benehmen
sehr zu wünschen übrig ließ.

Ach, wie gern ist man bereit,
sich das Beste zuzutrauen,
doch man scheitert an der rauhen,
unbequemen Wirklichkeit!

Was uns fehlt

Also, sind wir doch mal ehrlich:
Manchmal bilden wir uns ein,
wichtig, ja fast unentbehrlich
für den Rest der Welt zu sein.

Weil wir uns zu schätzen wissen,
glauben wir sogar daran,
daß uns keiner jemals missen
oder voll ersetzen kann.

Aber was wir uns erträumen,
bleibt tatsächlich nur ein Traum,
wenn wir unsern Sessel räumen,
merkt's die große Mehrheit kaum.

Nahtlos geht das Leben weiter,
alles läuft wie ehedem,
die Erkenntnis stimmt nicht heiter,
denn sie ist recht unbequem.

Ach, wie liegt sie uns im Magen,
diese schnöde Wirklichkeit!
Was uns fehlt, ist sozusagen
etwas mehr Bescheidenheit.

Sterneputzen

Ein Englein namens Alexander
geriet, um ein Stück Regenbogen,
mit zwei Kollegen aneinander,
sie zankten, daß die Federn flogen.

Sankt Nikolaus kam angesprungen,
erschrocken über das Geschrei,
und seine Rute, hochgeschwungen,
beendete die Rauferei.

Die armen, kleinen Missetäter
erhielten ab sofort Arrest,
wo sie der Heilige Sankt Peter
zur Strafe Sterne putzen läßt.

Wenn um die Weihnachtszeit die Glocken
den Frieden in der Welt verkünden,
sieht man drei Englein droben hocken,
die schämen sich für ihre Sünden.

Die gute, himmlische Methode
wär auch auf Erden recht von Nutzen,
wir würden, käme sie in Mode,
wohl alle emsig Sterne putzen.

Kein Zustand

Der Zustand, oft enttäuscht zu sein,
gehört zum Erdenleben,
denn immer wieder fällt man rein,
und vieles geht daneben.

Man nimmt den Ärger still in Kauf
und macht verbiestert weiter,
doch fühlt man sich dabei, wie auf
besagter Hühnerleiter.

Von vager Hoffnung unterstützt
erklimmt man eine Sprosse,
dann rutscht man wieder ab und sitzt
ernüchtert in der Gosse.

Man will so gern und schafft es nie,
die Welt ist zu verschroben,
das Schicksal zieht uns irgendwie
nach unten statt nach oben.

Der Zustand, oft enttäuscht zu sein,
belastet ganz erheblich,
am Ende buddeln sie uns ein,
und alles war vergeblich.

Die Kugel

Hoch über der Unendlichkeit
thront Gott der Herr in lichter Ferne,
er trägt ein silbergraues Kleid
und zählt die Sonnen und die Sterne.

Die Erde ist ihm irgendwie
aus seiner milden Hand entfallen,
er mochte diese Kugel nie,
seitdem sie dort mit Pulver knallen.

Durch's Universum kullert sie
dahin mit unbekanntem Ziel,
gleich einem Apfel, der zu früh
vom Baume der Erkenntnis fiel.

Lach' doch mal

Also wirklich, manchmal machst
Du ein Gesicht wie Hagelwetter,
Du siehst hübscher aus und netter,
wenn Du fröhlich lachst.

Ja, ich weiß, die Menschenkinder
sind oft schwerlich zu ertragen,
trotzdem solltest Du Dir sagen:
Lachen ist gesünder.

Hat nicht jeder irgendwann
irgendwie was ausgefressen?
Glücklich ist, wer dann vergessen
und vergeben kann.

Lach' doch mal! Gerade
das vermisse ich so sehr.
Lachst Du überhaupt nicht mehr?
Schade, jammerschade.

Der alte Leierkasten

Ich bin ihm damals begegnet,
auf dem Flohmarkt in Amsterdam,
es hatte ziemlich geregnet,
der Wind ging steif und stramm.
Er stand zwischen schlechten Bildern,
zwischen Schuhen und Porzellan,
ach Gott, ich kann nicht schildern,
wie weh mir das getan.
Ich kenne noch seine Lieder
voller Hinterhofpoesie,
die Zeit kommt nicht mehr wieder,
die Zeit vergesse ich nie.
Meine Heuer war längst versoffen,
sonst hätte ich ihn gekauft,
und hätte ihn ganz offen
mit altem Rum getauft,
ich hätte ihn mitgenommen,
bis an das Ende der Welt,
doch ich konnte ihn nicht bekommen,
mir fehlte das lausige Geld.

Gute Nacht

Hab eine gute Nacht.
Laß die Sorgen hinter Dir,
hab des Kummers nicht mehr acht,
geh durch die angelehnte Tür
der Träume still hinaus – .
Glücklichsein ist gar nicht schwer,
alles sieht so einfach aus,
nichts bedrückt Dich mehr.
Schlafe, gute Nacht.
Kleines Blatt am großen Baum,
irgendwann fällst Du im Traum
ab, bevor der Tag erwacht.

Das Wichtigste

Du wärest gern ein Millionär?
Dann würdest Du tagaus, tagein
besorgt um Dein Vermögen sein
und fändest keine Ruhe mehr.

Du wärest gerne prominent?
Dann müßtest Du im Glashaus leben
und über alles Auskunft geben,
sei dankbar, daß Dich keiner kennt.

Du hättest gern ein hübsch Gesicht?
Auch Schönheit ist Vergang beschieden,
Bleib wie Du bist und sei zufrieden,
was man nicht hat, verliert man nicht.

Willst Du Dein bißchen Erdenzeit
denn nur an Glanz und Reichtum messen?
Das größte Gut hast Du vergessen:
Wünsch Dir ein Herz voll Fröhlichkeit.

Sag mir, weswegen

Angenommen, Du würdest mich kennen,
so, wie ich wirklich bin,
mit meinem schrägen, verkorksten Sinn
und Meinungen, die uns trennen. –
Sag mir, weswegen
liebst Du mich dann?
Ist an mir doch nichts dran
als Bosheit und Unvermögen.
Fünfundzwanzig Jahre
denk' ich nun schon an diese Zeilen,
während wir alles teilen:
tiefes Verstehen und weiße Haare.

Meine Mundharmonika

Als ich in meiner Trödelkiste
nach ausrangierten Schuhen sah,
fand ich die Mundharmonika,
die ich seit langer Zeit vermißte.

Ihr Innenleben ist verrostet,
zum Spielen taugt sie nun nicht mehr,
doch damals hat sie ungefähr
so um die zwanzig Mark gekostet.

Ich habe manches liebe Jahr
drauf musiziert, so gut es ging,
ich hing an diesem blanken Ding,
das voller Melodien war.

Wir waren beide einmal jung
und fingen beide irgendwann
zu altern und zu rosten an,
was blieb, ist die Erinnerung.

Zeilen des Zorns

Versuch zu lachen, wenn's auch schwerfällt,
spuck kräftig in den Gegenwind,
wir zahlen alle reichlich Lehrgeld,
bevor wir alt und sturmreif sind.

Versuch, dich teuer zu verkaufen,
bis auf den letzten Backenzahn,
im Notfall darfst du Cognac saufen,
und, wenn es hilft, auch Baldrian.

Nicht wollen, aber trotzdem müssen,
das ist die Tragik unsres Seins,
das ganze Leben ist beschissen,
am besten wär, man lebte keins.

Meilenweit entfernt

Der Mensch hat sich sein ganzes Leben
mit Lernprozessen abzugeben,
will er als große Leuchte glänzen,
muß er sein Wissen stets ergänzen,
drum büffelt er, und auf die Dauer
wird er tatsächlich immer schlauer.

Dies ändert freilich nichts daran,
daß er die Zeit nicht bremsen kann,
die Jahre fliegen wie der Wind
vorüber, und der Mensch beginnt
sich irgendwann einmal zu fragen:
Was kommt nach meinen Erdentagen?

Die Antwort lautet kurz und schlicht:
Das ahnen selbst die Klügsten nicht.
Der Mensch, obwohl er ständig lernt,
ist meilenweit davon entfernt,
die letzten Dinge zu erfassen, –
er muß sich überraschen lassen.

Wiedersehen

Wir waren Fische, früher mal,
vor vielmillionen Jahren,
hinschwimmend durch ein Alpental,
im meergewiegten Klaren.

Und mit uns schwammen durch die Zeit
die ungezählten andern,
Sardinenschwarm der Ewigkeit
im ruhelosen Wandern.

Schon damals hatten wir uns lieb
und blieben Seit' an Seite,
wenn ich an Deiner Flosse rieb,
mein Gott, wie Dich das freute.

Wer weiß, wie wir uns wiedersehn
beim nächsten „Rangdewuh",
ich werde wohl als Sternschnupp gehn,
als Meteörchen Du.

Der Omnibus

Das Leben ist ein Omnibus,
der durch die Jahre rollt,
man kennt nicht Ziel noch Reiseschluß,
und wer den Bus besteigen muß,
tut's meistens ungewollt.

Bald geht es rechts-, bald linksherum
und manchmal knapp vorbei,
oft denkt das Reisepublikum,
die ganze Kiste fiele um,
bei der Verschaukelei.

So fahren Bettler und Baron,
die Hoffnung fährt voraus,
zuletzt kommt dann die Endstation,
und ohne Ansehn der Person
steigt alles wieder aus.

Perlenschnüre

Ein Kind übt auf der Flöte Amselschläge,
wie kunterbunte Perlenschnüre klingt's,
wenn sich die Finger überschlagen, bringt's
vergnügte kleine Trillerchen zuwege.

Es ist beileibe keine Melodie,
kein Großer würde die Musik verstehen
und in den Tönen Perlenschnüre sehen,
nur Kinderaugen sehen sie.

Es sitzt im Sonnenschein und spielt
voll Wonne und voll Selbstvergessenheit,
nichts ahnend von der Zukunft, von der Zeit,
die ihm die Unschuld seines Herzens stiehlt.

Vielleicht, in zwanzig, fünfundzwanzig Jahren
wird es sein buntes Perlenspiel vermissen,
und, längst erwachsen, plötzlich wissen,
wie glücklich jene Kindertage waren.

Nur keine Panik

Vor fünfzig Jahren ging es mir noch gut,
ich kannte keinen Kummer, keine Sorgen,
es gab kein Gestern und kein Morgen
ich hab mich hübsch im Dunkel ausgeruht.

Dann hieß es plötzlich: Raus, ins Leben!
Es ging bergauf, es ging bergab,
was ich erfahren und gesehen hab,
hat mir inzwischen längst den Rest gegeben.

Doch sage ich mir immer: Ruhig Blut,
nur keine Panik, alles wird sich finden,
du bist gekommen, und du wirst verschwinden,
in fünfzig Jahren geht's dir wieder gut.

Niemand fragt

Manchmal denke ich so bei mir,
ich hätte, als Mensch und Erdengast,
sicher nicht viel Gescheites verpaßt,
wäre ich gar nicht hier.

Hätten sie mich gefragt,
ob ich in's Leben treten wollte,
hätte ich, wenn ich ehrlich sein sollte,
„Danke, nein!" gesagt.

Nun schlage ich mich als kleiner,
trauriger Niemand durch die Welt,
sterbe ich, weil's dem Schicksal gefällt,
fragt mich wieder keiner.

Das Wölkchen

Ein abgelegter linker Schuh,
der seinen rechten Freund vermißte,
fand seine langersehnte Ruh
in einer alten Bretterkiste.

Still lag er in der Dunkelheit
und wurde langsam schimmlig-grün,
dann warf man um die Weihnachtszeit
die Kiste in den Hauskamin.

Am Abendhimmel, ab und zu,
sieht man ein rosa Wölkchen wandern,
das ist der abgelegte Schuh,
der wartet auf den Freund, den andern.

Tschüs!

Silvester werd' ich melancholisch,
je öfter sich der Zeiger dreht,
mit Sekt begieße ich symbolisch
das Jahr, das still zu Ende geht.

Es hatte seine trüben Tage
und Tage voller Sonnenschein,
das wird, wie ich zu hoffen wage,
in Zukunft auch nicht anders sein.

Mir ist es gut und schlecht ergangen,
ich hab geweint und hab gelacht,
hab dummen Träumen nachgehangen
und vieles, vieles falsch gemacht.

Nun heißt es also Abschied nehmen
von diesem Stückchen Lebensfrist,
das mir, trotz mancher unbequemen
Erfahrung, lieb geworden ist.

Bald knallen draußen die Raketen,
bald schickt ein neues Jahr sich an,
in meine Gegenwart zu treten,
damit ich es begrüßen kann.

Tschüs, altes Jahr, ich hebe leise
mein Glas auf die Vergangenheit,
du bleibst zurück, und ich verreise,
weiß nicht, wohin und nicht, wie weit.

Sandkörnchen

Hab Dich nicht so sehr,
Du bist ein Stückchen Niemandsland,
ein bißchen Staub, ein Körnchen Sand,
im Milliardenheer.

Sommer, Herbst und Winter
gehn und kommen ohne Dich,
Du bist nur ein Gedankenstrich,
mit gar nicht viel dahinter.

Jeder hat im Leben
für ein Weilchen seinen Platz,
doch für jeden gibt's Ersatz.
Tja, so ist das eben.

Frühling

Bald wird der alte Kirschbaum blüh'n
und, aufgewacht aus Winterträumen,
schmückt sich der Wald mit frischem Grün,
bricht junges Leben aus den Keimen.

Hoch in den Lüften wird das Lied
der Lerche sich zum Himmel schwingen,
so, wie es Jahr für Jahr geschieht,
wenn endlich alle Knospen springen.

Es wird so schön wie damals sein,
in Tagen, die nun längst entschwanden,
als du und ich am Wiesenrain
die ersten blauen Veilchen fanden.

Die Zeit vergeht, wie wir vergehn,
doch immer kehrt der Frühling wieder,
der Kirschbaum wird in Blüte stehn,
die Lerche singt dieselben Lieder.

Herbstgedanken

Die letzte Aster blüht im Garten,
das Feld wird kahl, die Bäume braun,
der Winter läßt nicht auf sich warten,
legt Rauhreif über Dach und Zaun.

Des Sommers Schönheit ist verflogen,
nun brausen Stürme durch den Wald,
längst sind die Schwalben fortgezogen,
die Nächte werden lang und kalt.

Ich schneide meine Rosenranken,
das welke Laub verweht im Wind,
mir geht durch meine Herbstgedanken
daß wir hier nur auf Reisen sind.

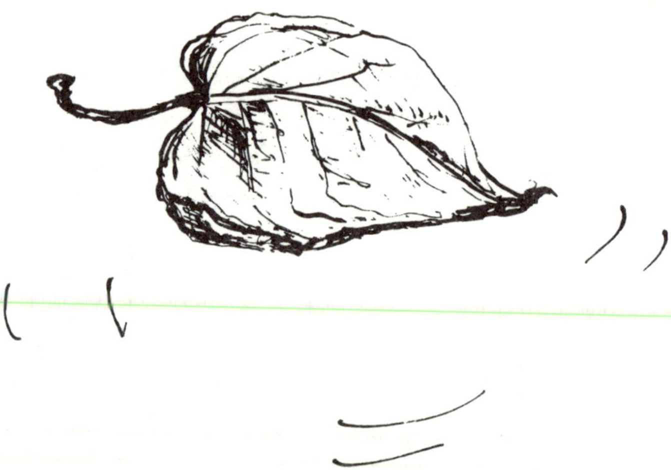

Ein Rosenblatt

Zwischen vergilbten Gesangbuchseiten
liegt ein trockenes Rosenblatt
aus jenen vergessenen Zeiten,
da man noch Blüten gebrochen hat,
um sie der Liebsten zu schenken,
zum ewigen Angedenken.

Großmutter ist schon lange tot,
ihr altes Buch ganz zerlesen,
aber das Blatt, es leuchtet so rot,
als sei damals gestern gewesen.

Kleine, hauchdünne Kostbarkeit
unter frommen Chorälen,
du könntest aus der Vergangenheit
vieles, vieles erzählen,
von einer Romanze im Rosenlaub,
der Liebe zweier, die waren, –
in meiner Hand, nach achtzig Jahren,
zerfällst du zu Staub.

Herbst des Lebens

Der Herbst ist da, Du mußt Dich dran gewöhnen,
wer einsam ist, der hat es doppelt schwer,
da nutzt es nichts, am Gartenzaun zu lehnen
und so zu tun, als ob man zwanzig wär.

Die Blätter fallen sachte von den Zweigen,
vor kurzem war die Welt noch schön und jung,
Du gehst nach Hause, um Dich auszuschweigen,
Dein Sommer wurde längst Erinnerung.

Die Jahre altern, eines kommt zum andern,
Du lachst und weinst und kannst nicht viel dafür,
allmählich kriegst Du Sehnsucht, auszuwandern.
Und eines Tages bist Du nicht mehr hier.

Dankeschön

Wir tragen alle unser Päckchen,
der eine so, der andre so,
sitzt jeder mal im Kummereckchen
und denkt, er würde nie mehr froh.

Das Dasein ist kein Tanzvergnügen,
denn mancher schöne Traum zerbricht,
wir müssen lernen, uns zu fügen,
ob wir nun wollen oder nicht.

Nach dem Warum fragst du vergebens,
die Antwort kennt nur Gott allein,
dank' ihm, am Ende deines Lebens,
für jedes Stündchen Sonnenschein.

Heimweh nach Berlin

Vergessen, wer dich mir schenkte,
dünnstimmig-altmodisches Ding,
du spieltest schon, als ich nach Frankfurt ging
und Berlin an den Nagel hängte.

Mit Koffer und Reisetruhe
trieb uns das Schicksal vor sich her,
es trieb uns beide zuletzt über's Meer,
jetzt putz' ich in Brooklyn Schuhe.

Wenn die großen Schiffe nach Osten gehn,
wird mir ums Herze so wunderlich,
komm, kleine Spieluhr, spiel für mich,
dann kann ich den Anhalter Bahnhof sehn.

Das Glück

Das Glück, es kann so vieles sein,
ein bunter Strauß, den man Dir schenkt,
ein Mensch, der freundlich an Dich denkt,
ein Fenster voller Sonnenschein.

Du findest's nicht im Überfluß,
in Reichtum oder Goldgeschmeiden,
es schlummert in den kleinen Freuden,
die man am Wegrand suchen muß.

Nur wer sich bückt, vermag zu sagen:
Herr, danke für den Augenblick,
und danke für das große Glück
in allen meinen Erdentagen.

Bequemer Schuh

Der Tod ist wie ein alter Schuh,
der weder zwickt noch drückt,
kaum machst du hier die Augen zu,
bis du der Welt entrückt.

Nichts quält dich mehr, nichts ärgert dich,
kein Kummer ficht dich an,
der Tod ist halb so fürchterlich
wie's Leben werden kann.

Warum denn also traurig sein,
wenn dir die Stunde schlägt?
Steig froh in den Galoschen rein,
der dich nach Hause trägt.

Auf den Weg

Mein Kind, du gehst hinaus in dieses Leben,
um zu erfahren, was dir vorbestimmt,
der droben, der dich bei den Händen nimmt,
mag dir die Kraft zu deinen Schritten geben.

Es werden Tage, werden Stunden kommen,
wo dir das Dasein sterbenswert erscheint,
bleibt keinem ganz erspart, daß er mal weint,
es wird uns manche Freude fortgenommen.

Dann trag' es, wie es alle tragen müssen,
die in die Welt hineingeboren sind,
Hab' nur Geduld. Der liebe Gott, mein Kind,
weiß vieles, was wir heute noch nicht wissen.